现代电子商务营销技术

徐越 编著

中国建材工业出版社

图书在版编目（CIP）数据

现代电子商务营销技术 / 徐越编著 . -- 北京 : 中国建材工业出版社 , 2016.9（2022.1重印）
ISBN 978-7-5160-1486-8

Ⅰ . ①现… Ⅱ . ①徐… Ⅲ . ①电子商务 – 市场营销学 Ⅳ . ① F713.36

中国版本图书馆 CIP 数据核字 (2016) 第 115467 号

内 容 简 介

这个时代是互联网的时代，任何行业都将与互联网无缝融合，而电子商务就是通过互联网进行电子交易的商务活动。本书主要介绍了主流电子商务环境下的基础平台操作及推广运营工具的使用。内容精益求精、以小见大，不仅详尽而且十分精准，实用性非常强，不但可作为各类院校电子商务及相关专业的教材，更是网络创业者和电子商务从业人员的参考用书。

出版发行：中国建材工业出版社
地　　址：北京市海淀区三里河路 1 号
邮　　编：100044
经　　销：全国各地新华书店
印　　刷：大厂回族自治县益利印刷有限公司
开　　本：910mm × 1280mm　1/32
印　　张：7
字　　数：157 千字
版　　次：2016 年 9 月第 1 版
印　　次：2022年1月第2次印刷
定　　价：26.80 元

本社网址：www.jccbs.com　微信公众号：zgjcgybcs

前言

随着互联网的普及，越来越多的人开始通过网络进行购物、交易、支付。电子商务凭借其低成本、高效率的优势，不但吸引了更多的消费者，而且让很多企业都开始通过电子商务谋求自身的发展。现在，电子商务已经成为各个国家转变发展方式、优化产业结构、推动经济发展的重要方式。不得不说，电子商务的发展和应用已经给人们的生活方式和社会运行方式产生了深远的影响。

近年来，我国政府对电子商务营销给予了高度重视，不仅大力推广电子商务，还相应地进行了一系列基础设施建设，这为企业开展电子商务营销创造了一个良好的环境。另外，国内外的专家和学者也都纷纷将目光投到了电子商务营销上。毫无疑问，电子商务营销已经成为企业开展实践活动和学者进行理论研究的一大热点。然而，继诚信和物流问题后，人才的匮乏已经成了阻碍电子商务产业发展最重要的因素之一。而且电子商务行业几乎每6个月就会发生一次巨变，知识的有效期非常短，使知识的不断更新变得尤为重要。为此，我们特编写了本书。

本书从电子商务的运作模式、营销策略、营销方法、营销的支持服务以及如何在网上开店等几个方面系统介绍了电子商务及其营销实战中的技巧。旨在帮助读者在系统认知、了解电子商务的同时，掌握电子商务营销的实操技能。

在本书编写的过程中，我们紧密结合电子商务目前的发展趋势和企业对人才的需求，以实践为主、理论为辅，深入浅出地介绍了工作人员在电子商务营销活动中的必备技能。为了使讲解更直观，我们还加入了大量的图片，希望读者可以从中受益。

在编写本书的过程中，我们参阅了大量资料和网站，并得到很多业内知名人士的指导。

然而因为电子商务营销发展的速度非常快，各种新技术、新情况层出不穷，很多数据都难以精确统计，加之编者水平有限，难免会有纰漏，敬请广大读者批评、指正。

目录

第一章 电子商务概论

第一节 电子商务的形成和发展

一、电子商务的概念

电子商务（electronic commerce）是指采用数字化电子交易方式进行商务数据交换和开展商务业务的活动。它是一门集商务技术、信息技术和管理技术于一体的新兴的交叉学科，是国民经济和社会信息化的重要组成部分。根据人们从不同角度对电子商务的理解，电子商务有广义和狭义之分。广义的电子商务是指企业的“商务整合”，包括电子商务、电子政务、电子军务、电子医务和电子教务等。它不仅是硬件和软件的结合，更是把买家、卖家、厂家和合作伙伴在网络上利用 Internet 技术与现有系统结合起来开展业务。狭义的电子商务是指运用网络技术（主要是互联网）完成的商务交易活动。交易的对象既可以是书籍、服装等实物，也可以是新闻、图片等数字化的产品，远程教育、在线咨询等服务也可以通过电子商务来实现。事实上，截止目前，电子商务尚未有一个较为全面的、权威性的、能广为接受的准确定义。

二、电子商务产生的背景

电子商务并非新兴之物，早在1839年，电报刚刚出现的时候，人们就开始了对运用电子手段进行商务活动的讨论。当贸易用莫尔斯码以点和线的形式在信道中传递信息、进行商务交易时，就标志着电子商务的诞生，开始了运作电子手段从事商务活动的新纪元。随着计算机技术、网络通信技术的不断发展，以Internet为核心的现代信息技术在进出口贸易方面应用得越来越广泛，电子商务作为一种新的贸易方式慢慢受到了国内外商客的高度重视。总体来说，电子商务的发展、实施可分为三步：EDI商务、Internet商务和E概念电子商务。EDI商务始于20世纪70年代中期，Internet商务起始于20世纪90年代初期，E概念电子商务起始于2000年。电子商务的产生与发展是社会发展的客观需求，有着深刻的商业和技术背景。具体来说，它产生的背景如下：

1. 计算机的广泛应用

近30年来，计算机处理速度越来越快，处理能力越来越强，价格越来越低，因而得以迅速进入普通家庭和中小企业，这为大面积开展电子商务应用提供了良好基础。

2. 网络的普及和成熟

随着 Internet 逐渐成为全球通信与交易的主要媒体，全球上网用户快速增长，国际线路容量不断增大，带宽不断扩大，特别是越来越多的用户使用宽带上网，Internet 上的应用和服务也变得愈加丰富，其快捷、安全、低成本的特点为电子商务的发展提供了应用条件。图 1–1 为中国历年网民规模及互联网的普及率情况。

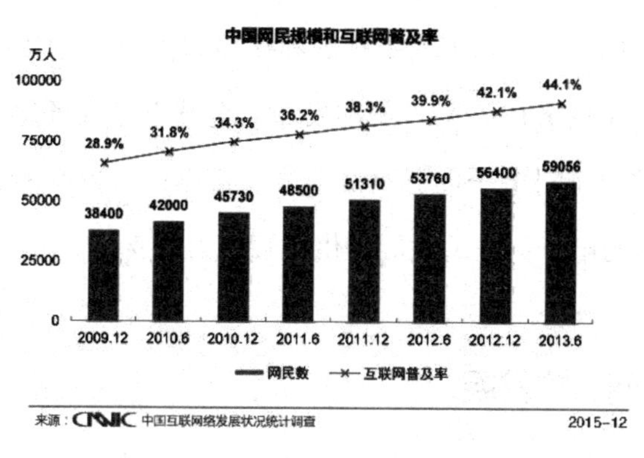

图 1–1 中国网民规模及互联网的普及率

3. 信用卡的普及应用

从货币产生到现在，支付工具已经发生了非常大的变化，银行提供的支付和结算服务也发生了极大的变化。电子商务的发展离不开电子支付的支撑。以电子支付技术为基础的信用卡和电子货币的普遍应用，为电子商务的发展提供了金融基础。信用卡以其方便、快捷、安全等优点成为人们消费支付的重要手段，并由此形成了完善的全球性信用卡计算机网络支付与结算系统，使“一卡在手，走遍全球”成为可能，同时这也为电子商务的网上支付提供了重要手段。

4. 电子安全交易协议的制定

1997 年 5 月 31 日，由美国 VISA 和 MasterCard 国际组织等联合指定的电子安全交易协议出台，该协议得到大多数企业和民众的认可和支持，为在网络上开发电子商务提供了安全的环境。

5. 各国政府的支持和推动

各国政府是电子商务的规划者、管理者和应用者，政府在电子商务的发展过程中起到了宏观规划和指导的作用。自 1997 年欧盟发布《欧洲电子商务协议》，美国发布《全球电子商务纲要》以来，世界各国政府都对电子商务高度重视，许多国家的政府开始进行网上采购，这为电子商务的发展提供了强有力的支持。

三、电子商务的发展

目前关于电子商务发展阶段的问题主要有两种划分方法，即两阶段论和三阶段论，本书主要介绍三阶段论。

1. 基于 EDI 的电子商务

在正式实施电子商务系统之前，多年来一些大中型企业的很多业务都是采用 EDI 来开展的。EDI 是将业务文件按一个公认的标准从一台计算机传输到另一台计算机的电子传输方法。20 世纪 60 年代末，美国率先利用电子设备实现工作自动化（无纸办公），降低了成本，提高了效率。这不仅减少了由于操作失误带来的损失，还加强了贸易伙伴之间的合作关系，因此在国际贸易、海关业务和金融领域都应用得非常广泛。因为 EDI 大大减少了纸张票据，所以人们都形象地将它叫作“无纸贸易”或“无纸交易”。从技术上讲，EDI 是由两大部分构成的——硬件部分和软件部分。从硬件方面看，在 20 世纪 90 年代之前，绝大多数 EDI 都不通过 Internet，而是通过租用专用线路在网络上实现，这样的专用网络被叫作增值网（Value Added Network，VAN）。从软件方面看，EDI 所需的软件大多是将用户数据库系统中的信息翻译成 EDI 标准格式，然后进行传输交换。数据翻译器是 EDI 的主要部分，EDI 翻译器负责解释商业应用提供的信息，并把它转换成标准的 EDI 文件格式。但是因为建立 EDI 通信系统需要很大的投资，而且使用增值网的费用非常高，所以限制了基于 EDI 电子商务应用的范围。EDI 就是电子商务的初级阶段。

2. 基于 Internet 的电子商务

因为 EDI 具有投资大等特点，所以使用范围不是非常广泛。随着大型跨国公司对信息共享需求的增加和中小型公司对 EDI 的渴望，建立一种新的成本低廉、可以实现信息共享的电子信息交换系统就变得异常迫切。20 世纪 90 年代中期以后，Internet 迅速普及，并慢慢从大学、科研机构走向了家庭和普通企业，其功能也从信息共享变成了一种大众化的信息传播工具。到 1991 年，商务贸易活动正式进入 Internet 领域，并成为 Internet 应用的最大热点。可以说，Internet 技术的成熟、个人计算机互联性能的提高，是电子商务在今天继电子出版和电子邮件之后成为 Internet 上又一焦点的主要原因。同时，以 XML（可扩展标识语言）为代表的新技术不断出现，它们不仅可以与原本的 EDI 系统融合，还能协调和集成异构数据，支持不同应用平台，能电子化地处理整个商业信息。和 EDI 相比，Internet 费用低、覆盖面广，而且服务系统更加优越。因此，局限于局域网、基于 EDI 的电子商务发生了非常大的变化，并形成了以计算机、信息技术做支撑，并基于互联网的电子商务。

3.E 概念的电子商务

2000 年以后，人们对电子商务的认识，慢慢由电子商务扩展到了 E 概念的高度，人们认识到电子商务实际上就是电子信息技术和商务应用的结合。由于电子商务的全球性、方便快捷性、低成本性的优势，随着信息技术的发展、个性化需求的不断增加和不同企业的大量涌入，电子商务的内涵和外延一直在慢慢充实，电子信息技术更是得到了非常广泛的发展。它不仅能与商务活动结合，还能够与医疗、教育、军事和卫生等各个方面的应用领域结合。电子信息技术同教育相结合，出现了远程教育，同医疗相结合，出现了远程医疗，与军务相结合，出现了远程电子指挥，等等。

第二节 电子商务与传统商务

一、电子商务与传统商务的区别

电子商务利用网络科技对传统商业活动中的物流、资金流、信息流的传递方式进行了整合。与传统的商务活动相比，电子商务的贸易基本处理过程与其基本一致，但用于完成这些过程的方法和媒介却有着非常大的区别。

1. 运作方法不同

在传统的商务活动中，具体运作过程包括交易前的准备、贸易协商、签订合同、执行合同、支付、清算等过程。买方和卖方一旦了解了相关产品或服务的供求信息以后，就会立刻开始进行交易协商。交易协商就是买卖双方进行口头协商或书面单据交换的整个过程。其中书面单据是由询价单、订购合同、发货单、运输单、发票等单据构成的。在传统的商贸活动里，整个交易协商过程都是由口头协商的方式进行的。协商好之后，由买卖双方以书面的形式签订合同，这份合同具有法律效力。传统商贸活动的支付方式通常有两种：现金、支票。

而电子商务，虽然它也要经过交易前的准备、贸易协商、签订合同、执行合同、支付、清算等过程，但是具体的运作方法与传统商贸活动完全不同，区别如下：

（1）进行交易前的准备工作时，通常是通过网络来进行信息传递，所以电子商贸运作具有快速、效率高的特点。

（2）进行贸易协商的工作时，以前的书面单据被电子单据取代，可以在网络上进行传递。

（3）在签订合同、执行合同的时候，电子商务贸易下的协商文件更正确、可靠，而且在第三方授权的前提下会具有法律效力，如果在具体执行过程中产生纠纷，可以将协商文件当作仲裁依据。

（4）在支付和清算的过程中，电子商务下的资金支付通常都是通过网上进行支付的。

2. 交易主体不同

在传统的商务活动中，制造商是商务中心。包括市场调研、新产品开发与研制、产品的出售等一系列活动都是由制造商负责的。

而在电子商务活动中，商务活动的主体是销售商。在产品的出售过程中，销售商起着非常大的作用，销售商要负责建立并管理产品网站、设计并更新网页内容、进行网上销售以及售后工作等，销售商的地位是不可取代的。

3. 商品流转机制

在传统的商贸活动里，产品流转是一种“间接”的流转机制。制造商的产品大多都要经过中间商才能被送到消费者手中。这样的流转机制中有很多无谓的环节，而且产生了很多流通、运输、存储上的花销，再加上中间商都要收取一定的利润，这就导致最终产品的零售价大大高于出厂价。因此很多制造商都将产品直接运到销售地点进行出售，这一办法大大降低了零售价，让消费者获得了物美价廉的商品。但是这样做有一个弊端，就是制造商必须派更多销售人员奔波在各个市场中，又加大了投入，因此对于制造商来说，利润也有限。

在电子商务活动中，所有商品都可以建立一个最直接的流转渠道。这样一来，制造商就可以将产品直接送到消费者手中。另外，制造商还可以直接从消费者手里获得需求信息，从而改进自己的产品和服务。

4. 地域范围和商品范围

传统商务活动的地域范围和商品范围都是有限的，而在电子商务活动中，由于互联网的广泛利用，尤其是各式各样的专业网站的出现，电子商务活动突破了地域和商品的限制。

二、电子商务的优势

电子商务作为新的商务形式极大地提高了传统商务活动的效益和效率，与传统商务活动相比，它具有下列竞争优势。

1. 交易虚拟性

电子商务是依托 Internet 开展的一系列商务活动，它把整个活动中的大部分流程都转移到虚拟空间，从信息的发布、贸易双方的磋商、签订电子合同到完成交易并进行支付都是通过计算机网络来完成的。

对于卖方来说，他们可以到网络管理机构申请域名，制作自己的主页，组织产品信息在网络上发布。网上聊天等技术的发展让消费者可以按照自己的喜好点击自己想看的广告，并将信息反馈到卖方手中，然后买卖双方通过信息的互动签订电子合同，最后进行网上付款。电子商务不必像传统商务活动那样一定要当面进行，从而实现了整个交易的完全虚拟化。

2. 交易成本低

电子商务使得买卖双方的交易成本大大降低，这具体表现在以下几个方面：

（1）通过网络营销活动，企业可以提高营销效率，降低促销费用。据调查，在互联网上做广告可以使销售额提高 10 倍，但它的成本只是传统广告的 1/10。

（2）交易双方通过网络进行的商务活动，不需要中介参与，减少了交易的中间环节，大大降低了运营成本。

（3）企业为应付变化莫测的市场需求，不得不保持一定的产品库存和原材料库存。而互联网使买卖双方可以进行及时的沟通，使无库存生产和无库存销售成为可能，从而减少了库存费用。

（4）传统的贸易平台是地面店铺，新的电子商务贸易平台则是网吧、办公室，甚至是家里，节省了一大笔租房的费用。

（5）企业可以通过内联网实现“无纸化办公”，提高了内部信息传递的效率，节省了时间，同时降低了管理成本。

3. 交易效率高

Internet 将贸易中的商业报文标准化，商业报文可以在很短的时间内在世界各地完成传递与计算机自动处理，让原料采购、产品生产、需求与销售、银行汇兑、保险、货物托运及申报等过程不再需要人员的干预，而且在最短的时间里完成。在传统的贸易方式中，用信件、电话和传真传递信息，必须有人员的参与，且每个环节都要花不少时间。电子商务克服了传统贸易费用高、易出错、处理速度慢等缺点，极大地缩短了交易时间，使整个交易过程变得非常快捷与方便。公众、企业和政府之间也可以用方便、快捷、高效的方式进行经济活动、管理活动，从而降低了社会经营成本，提高了社会生产效率，优化了社会资源配置，最终达到实现社会财富最大化利用的目的。

4. 交易透明化

在电子商务的模式下，买方和卖方的协商、签订合同、支付等工作都是在网上进行的。通畅、快捷的信息传输可以确保各种信息之间的互相核对，以免出现伪造信息。例如，在极具典型意义的许可证 EDI 系统里，因为加强了发证单位和验证单位的通信和核对，如果有假的许可证，很难不被发现。海关 EDI 也可以通过这种方法辅助杜绝边境假出口、“兜圈子”和骗退税等行为的出现。

第三节　认识电子商务营销

不同组织对电子商务营销的理解都不尽相同，下面以网络营销为例对电子商务营销进行说明。

网络营销是基于互联网平台，利用信息技术与软件工具来满足公司和消费者间的交换概念、产品、服务的过程，是依靠在线活动来创造、宣传和传递消费者价值，并且对消费者关系进行管理，以达到一定营销目的的新型营销活动。网络营销是在传统营销的基础上形成的新的营销形式，它诞生于 Internet 飞速发展的网络时代。作为依托网络的新的营销方式和营销手段，有助于企业在网络环境下实现营销目标。网络营销是企业整体营销策略的一个重要组成部分，不可能脱离传统营销环境独自存在，网络营销是传统营销在互联网环境中的应用与创新。

随着网络影响的进一步扩大，人们对网络营销的理解进一步加深，越来越多成功案例的出现使人们开始意识到网络营销的优点，且越来越多地通过网络进行营销推广。

一、网络营销的特点

随着互联网技术的成熟以及联网成本的降低，互联网络像一种“万能胶”一样将企业、团体、组织以及个人跨时空地连接在一起，使他们之间的信息交换变得异常便利。互联网这个新的信息传播媒体具有自身的特点，也使得网络营销呈现出以下一些特点。

1. 跨时空

互联网具有超越时间约束和空间限制进行信息交换的特点，企业可以跨越地域的限制，24 小时为用户提供全球性营销服务。而在此之前，任何一种营销理念和营销方式都是在一定的范围内去寻找目标消费者的。因此，网络营销具有跨时空的优点。

2. 多媒体的信息形式

互联网被设计成可以传播多种媒体的信息，如文字、声音、图像、视频等，可以让营销人员充分地发挥自己的聪明才智。

3. 交互式

企业通过网络给消费者展示商品目录，通过连接资料库提供相关商品信息的查询，不仅可以让企业和消费者进行沟通，还可以帮助企业收集市场情报，进行产品测试和消费者满意度调查等。

4. 个性化

互联网上的促销是一对一的、理性的、消费者主导的、自愿的、循序渐进式的。这是一种低成本与个性化的促销模式，可以避免传统的促销活动所表现出的强势促销的干扰。另外，这样的销售方法还可以通过信息提供、与消费者进行交互式交谈，与消费者建立长期良好的关系。

5. 整合性

在网络上开展的营销活动，可以完成从产品信息发布到交易、售后的全过程，一气呵成。另外，企业还可以借助互联网将不同的营销活动进行统一设计规划和协调实施，以统一的口径将信息呈现到消费者面前，避免信息不一致导致的负面影响。

6. 经济性

和传统的实物交换相比，互联网上没有用于销售商品的店面，可以省去一大笔租金，而且可以减少因为中间环节过多而造成的成本损耗。

7. 高效性

互联网中储存着大量的信息，以资消费者查询，其所传达的信息数量和精确程度，大大超出了传统媒体。另外，商家还可通过了解消费者的需求及时更新产品或者调整价格。

8. 超前性

互联网交易平台具有非常强大的功能，不仅可以为企业提供消费者信息，而且可以与消费者进行互动，这种营销方式，必定是未来营销发展的趋势。

二、网络营销的职能

在传统的市场营销学中，产品、价格、销售渠道和促销构成了整个市场营销学的基本框架，而网络营销也有它自己的框架。为了了解这一点，本书将从网络营销的职能角度出发来对其组成部分进行说明。网络营销的基本职能可以分为以下 9 方面：

1. 品牌塑造

品牌塑造是网络营销最重要的职能之一。在当今开放式的市场环境中，企业不仅要制造、销售产品，还要强化自己的品牌和形象。而网络可以让知名品牌迅速传播，帮助一般企业树立自己的品牌形象。在一定程度上，网络品牌的价值要远远高于企业通过网络得到的直接利益。

2. 网站推广

网络营销最基本的职能之一就是网站推广。和其他职能相比，网站推广是一件最为重要和迫切的职能。因为不管网站想发挥什么功能，都必须以一定的访问量为基础，所以网站推广堪称网络营销的核心。尤其是对于一些中小企业来说，网站推广更是重中之重。因为中小企业经营资源不是很充裕，很难有经济能力发布新闻、投放广告或者举行大规模的促销活动，所以很多中小企业都非常热衷于网络营销。除了中小企业，大企业也必须进行网站推广，因为大企业虽然有实力，而且出名，但是网站访问量却通常不是很高。而网络营销最基本的目的之一就是让更多的潜在消费者对企业的网站产生兴趣，然后去访问企业网站，以此达到提升品牌形象、促进销售增长、加强企业与消费者联系等目的。

3. 网上调研

企业可以通过网上在线调查表、电子邮件等方式进行市场调研，进行信息收集整理。企业根据这些信息来进行创新、更新技术、开发新产品。和传统的市场调研相比，网上调研具有效率高、成本低、周期短等特点，因此，网上调研慢慢变成了网络营销的主要职能之一。

4. 资源合作

企业为了使自己的产品（服务）、品牌等在网上广泛流传，就要和供应商、经销商以及网站等进行合作，以达到资源共享的目的。企业网站的目的之一就是为企业积累更多的网络营销资源，并利用这些资源进行合作。最常见的资源合作方式包括交换链接、共享消费者资源等。

5. 信息发布

网络营销的核心是卖出商品。在互联网上发布的产品信息会使推销商品的过程变得非常生动。对于一个企业来说，掌握的网上资源越多，就可以越好地将产品信息传达给潜在消费者，这样就会有更多的潜在消费者转化成消费者。

6. 销售渠道

网上销售是企业销售的延伸，而网上销售渠道不只是企业网站，还包括网上商店以及和其他网点的合作等。所以并不是只有大企业才能进行网上销售，中小企业也可以根据自己的情况进行适合自己企业的网上销售。

7. 销售促进

营销的最终目的就是增加销售量，网络营销也是如此。企业通过多媒体将产品的外形、功能等展现在潜在消费者面前，这不仅可以提高网上的产品销量，还能在一定程度上提高线下实体销售的销量。

8. 消费者服务

网上服务其实就是一个虚拟的销售人员，它可以同时为多人提供多层次的服务，包括产品咨询、售后服务等。可以让消费者得到自己希望得到的内容，享受到多元化的优质服务。网上的消费者服务具有效率高、成本低的特点，还能直接影响网络营销的最终效果。

9. 消费者关系

企业如果想使网络营销取得成功，就必须有良好的消费者关系。为了达到这一目的，企业要通过消费者的参与等形式对消费者进行服务，从而与消费者建立友好关系。另外，一个企业如果已经与消费者建立了良好的消费者关系，就要想办法维持这种关系，因此也要为消费者提供优质的服务，所以增进消费者关系也是网络营销的重要职能之一。

第二章　电子商务运作模式

第一节　B2B 电子商务

一、B2B 电子商务的含义

B2B 电子商务（Business to Business），即企业间的电子商务，是指企业与企业之间通过互联网进行产品、服务及信息的交换。在 B2B 电子商务中，企业通过内部信息系统平台和外部网站将面向上游供应商的采购业务和面向下游代理商的销售业务有机地结合在一起，从而降低了双方的交易成本，提高了客户的满意度。B2B 电子商务不仅可以降低交易成本、提高效率，而且随着新型电子商务基础行业的不断涌现，B2B 电子商务还会扩大企业间电子商务活动的行业范围，为企业尤其是中小企业提供高效、快捷的市场平台，近年来电子商务已变成最活跃的领域之一。

二、B2B 电子商务网站的主要类型

在 B2B 交易模式中，企业可以将内联网有限度地对合作伙伴开放，从而最大限度地实现商业信息传输和信息处理的自动化。根据其服务范围、服务内容等的不同，B2B 电子商务网站可分为综合型 B2B 网站和垂直型 B2B 网站。

1. 综合型 B2B 网站

综合型 B2B 电子商务网站就是可服务于多个行业和领域的电子商务网站，如阿里巴巴、慧聪网、环球资源网、中国供应商等。它们为买卖双方创建了一个信息和交易的交互平台，使买方和卖方可以在此平台上分享信息、发布广告、竞拍投标、进行交易。综合式 B2B 网上交易的商品种类繁多，而且通常都是大额交易。B2B 网站只给企业提供了一个平台，而企业双方的交易则要在线下进行。一般来说，综合型 B2B 网站可以产生很多利润流，潜在的用户群也比较大。和垂直型网站相比，综合型 B2B 网站在品牌知名度、用户数、跨行业、技术研发等方面具有很大的优势，但它也有一定的风险，如用户群不稳定，被模仿的风险大等。而且综合型网站的用户虽然多，但未必都是服务对象想要的用户，在用户精准度、行业服务深度、盈利模式上略有不足。

2. 垂直型 B2B

垂直型 B2B 电子商务平台是指定位于某一特定专业领域的电子商务网站，如中国化工网、我的钢铁网和中国纺织网等。之所以将其称为“垂直”网站，是因为这些网站的专业性很强，它们将自己

定位在某个专业领域里，使各阶层的厂商都能很容易地找到物料供应商或买主。垂直型网站吸引的主要是针对性较强的客户，对于这些网站来说，最大的财富就是这些针对性较强的客户，他们是真正的潜在客户。垂直型 B2B 电子商务平台更有聚集性、定向性，它们较喜欢收留团体会员，易于建立起忠实的用户群体，吸引着固定的回头客。然而，虽然垂直型网站在专业上更具权威性，而且在商品和用户群上非常精确，但是因为其受众面过窄，营业额往往难以突破千万大关。现在几乎各行各业都有自己专门的电子交易市场，它们的出现使中国电子商务正在从“大而全”的模式向专业细分的业务模式转变。

三、B2B 电子商务的交易过程

B2B 电子商务包括很多类型，每个类型的交易过程都有所不同，但是从总体上说，都可以分为以下几步：

1. 采购商向供应商订货，采购商首先要提交“用户订单”，该订单应该包括商品的名称、数量、质量及价格等相关信息。

2. 供应商对采购商提出的“用户订单”做出应答，并给出“报价单”。

3. 采购商看到“报价单”后，根据用户要求查询产品情况，再由供应商给出“报价单”。

4. 采购商根据供应商的应答提出是否对订购单有变更请求，说明最后确定的商品购买信息。

5. 供应商向运输商（或物流商）发出有关货物运输情况的“运输查询”。

6. 运输商（或物流商）在收到“运输查询”的消息后，会给供应商回馈返回运输查询。例如,有没有能力完成运输以及运输的日期、线路、方式等信息。

7. 在确定没有问题后，供应商即刻给采购商答复，并通知运输商运输。

8. 运输商（或物流商）接到“运输通知”后就会立刻发货，然后由供应商向支付网关发出“付款通知”、支付网关与银行结算票据等。

9. 支付网关向供应商发出交易成功的“转账通知”。

其具体交易流程如图 2-1 所示。

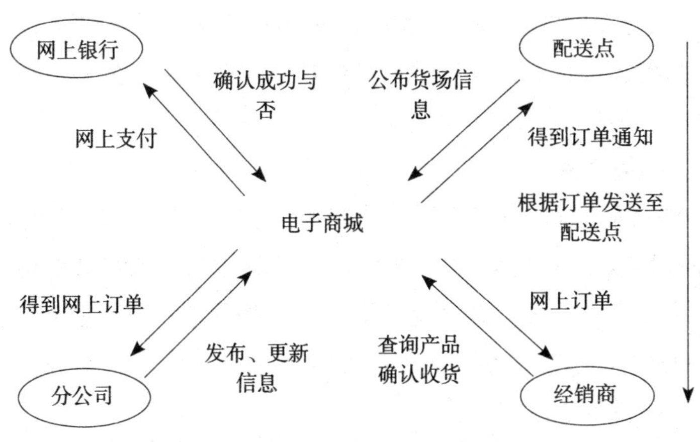

图 2-1　B2B 电子商务交易流程图

四、B2B 电子商务的盈利模式

1. 广告

网络广告是门户网站的主要盈利来源，同时也是 B2B 电子商务网站的主要收入来源。广告形式具体包括文字广告（关键字文字链接资讯文章，嵌入不同颜色的文字）、图片广告、动态广告、邮件广告等。

2. 会员费

企业如果想通过第三方电子商务平台参与电子商务交易，必须先成为该 B2B 网站的会员，并在当年缴纳了一定的会员费后，才能享受网站提供的各种服务。在第三方 B2B 商务平台上能不能获得客户，关键是客户能不能找到企业发布的产品。企业为了促进产品的销售，都希望自己企业的商品可以在 B2B 网站的信息搜索中排得比较靠前。第三方 B2B 电子商务平台的搜索结果是按一定的规律进行排名的，一般情况下，B2B 电子商务平台会在确保信息准确的基础上，根据会员交费的不同对排名顺序进行相应的调整。因此，商家为了让自己的商品被潜在客户关注到，经常会向 B2B 商务平台支付相应的会员费，以使自己企业的产品信息排在搜索结果的前几位，被买家第一时间找到。

3. 增值服务

B2B 网站可以通过开展增值服务来扩大收入来源，常见的增值服务包括以下几方面：客户留言、前沿资讯短信服务和邮件服务；提供企业建站服务；高级商友俱乐部收费服务和线下服务；企业认证；优秀博客文章查阅服务；在线支付结算；产品行情资讯服务等。

4. 联盟与合作

联盟合作主要包括政府合作、行业协会合作，网站合作，媒体合作，企业合作等。例如，生意宝携手专业网站形成了一个“小门户 + 联盟”的模式，满足了客户的真正需要，不仅可以让客户体验到既“专业”又“综合”的服务，还能将专业网站的内容、流量等资源平等、有效地整合在一起，这被称为“全球领先的生意人门户及搜索平台”。

5. 线下服务

线下服务主要包括网络营销策划、培训、展会、团购以及行业商会、研讨会、高峰论坛等。通常中小企业都比较青睐这种交易方式。

6. 信用认证

信用认证在 B2B 电子商务领域取得盈利，成为 B2B 电子商务平台收入的最重要组成部分之一。因为网站会给客户提供多种服务的有效组合，可以最大限度地满足客户的需求，所以这种模式的收费相对稳定。以阿里巴巴为例，阿里巴巴诚信通的会员，可以享受以下四大特权：独享买家信息、第三方认证、优先排序以及网上专业商铺。在会员缴纳会费后，网站会让会员享受特殊服务，第二年到期时客户需要进行续费，然后网站才会为其提供下一年的服务，不续费的会员将恢复为免费会员，不能再享受多种服务。现在诚信通的会员大约有 20 万，每个会员每年都要缴纳 2300 元的会员费，由此推算可知，诚信通每年会给阿里巴巴带来约 5 亿元的收入。

五、国内主要 B2B 网站简介

在国内 B2B 电子商务运营商营收份额中，阿里巴巴依然占据着行业垄断地位，环球资源、慧聪网、中国制造网等依次紧随其后。

1. 阿里巴巴

阿里巴巴成立于 1998 年年末，总部设在杭州市区。阿里巴巴是国内领先的 B2B 电子平台，现在主要通过旗下 3 个交易市场帮过国内外数百万的采购商和供应商从事网上生意，这 3 个交易市场分别是集中服务全球进出口商的国际交易市场（www.alibaba.com）、集中国内贸易的中国交易市场（www.1688.com）和全球消费者零售市场（www.aliexpress.com）。目前阿里巴巴旗下有两个核心服务——诚信通和中国供应商，其中诚信通主要针对经营国内贸易的中小企业和私营业主；而中国供应商则主要针对经营国际贸易的大中型企业以及有实力的小企业和私营业主。阿里巴巴一直是公认的电子商务领域的标杆，经过多年的市场沉淀后，阿里巴巴已经积累了非常丰富的网站运营经验，并且形成了为中小企业服务的核心模式。2015 年，阿里巴巴成立了阿里体育集团，和优酷土豆达成最终的收购协议，收购南华早报集团，目前正迅速向不同地区、不同领域扩张。阿里巴巴网站的 logo 如图 2-2 所示。

图 2-2 阿里巴巴 logo

2. 环球资源网

环球资源（Global Sources）是一个多渠道的国际贸易平台，主要致力于对外贸易。环球资源网为专业买家提供采购资讯，并为供应商提供综合的市场推广服务。作为全球领先的外贸 B2B 电子商务网站，它的宗旨是促成全球贸易。环球资源网一半的业务收入几乎都来自中国市场，中国市场对它的重要程度可见一斑。环球资源网将网络的推广和展会相结合，并配备了企业光盘、杂志以及全球的展会，虽然效果很好，但是因为价格太高，一般企业加入的年费都在 10 万到 20 万之间，在很大程度上阻碍了环球资源的发展。环球资源通常只接纳一些大型企业高端会员，而且大多都是长久合作的大客户，虽然其资源数量不算多，但它依然占据着非常大的市场。环球资源的 logo 如图 2–3 所示。

图 2–3　环球资源 logo

3. 中国制造网

中国制造网（Made–in–China.com）是一个典型的外贸 B2B 电子商务网站，它主要致力于通过互联网将中国制造的产品介绍给全球采购商，全面地促进中国企业的对外贸易业务。中国制造网是中国生产供应商、制造商、出口商和全球采购商进行信息交流的 B2B 贸易平台，已成为中国产品供应商与全球采购商共通、共享的一个网上交易平台。中国制造网上汇集了国内超过十万种产品的信息，以细分、专业、国际化、面向服务的独特商业模式迅速发展起来。另外、中国制造网凭借巨大、翔实的商业信息数据库，便捷、高效的功能和服务，成功地协助很多供应商和采购商建立了联系、提供了商业机会，为中国产品进入国内市场和国际市场开启了一扇便捷的电子商务之门。目前，不管是从会员数量来看还是从营业额来看，它都位居 B2B 电子商务行业的前列。中国制造网的 logo 如图 2-4 所示。

Made-in-China.com
中国制造网

图 2-4　中国制造网 logo

第二节　B2C 电子商务

一、B2C 电子商务的含义

B2C（Business to Customer）电子商务是企业与消费者通过电子化、信息化的手段，特别是互联网技术，将本企业或其他企业提供的产品或服务直接传达给消费者的新型商务模式。B2C 电子商务是互联网上最早创立的电子商务模式，也是现在发展最为成熟的商业模式之一。目前，各类企业纷纷在 Internet 上建立虚拟商场，从事网上零售业务。消费者可以足不出户，只需轻轻一点就可以随便浏览虚拟商店中图文并茂的商品，并当场进行交易。在这种虚拟商场中，商家不用准备庞大的库存，只需一个网址，就可以广泛地接触消费者，大大地扩大了营销面并降低了成本。由于这种模式节省了客户和企业双方的时间，也扩展了空间，大大提高了交易效率，节省了不必要的开支，所以深受广大网民的欢迎。

二、B2C 电子商务的交易过程

B2C 电子商务平台上的交易都是消费者和生产者或商家直接通过互联网开展的买卖活动。在这种交易中，供求双方直接交易，所以具有环节少、速度快、费用低等特点。网络商品直销过程包括以下几步：

1. 消费者进入因特网，查看在线商店或企业的主页，并从中找到自己喜欢的商品。

2. 下订单（也就是放进购物车）。消费者在浏览了商店经营的商品后，将自己想要购买的商品放进购物车。

3. 消费者通过购物对话框填写信息，包括姓名、地址、商品品种、规格、数量等。

4. 选择送货方式。消费者在订货单中选择送货方式（如送货上门、自提、邮寄）、送货时间和收货人等信息。

5. 消费者选择支付方式，最常用到的是信用卡、借记卡、电子货币、电子支票等，选好后输入自己的保密口令，就可以进入付款页面。也可以采用货到付款、邮局汇款、银行汇款等方式付款。

6. 在线商店或企业的客户服务器检查支付方服务器，确认汇款额是不是已经被认可，如已被认可，通知销售部门送货上门。

7. 购物完成。购物过程完成后，网上商店的客户服务器将整个交易过程里出现的财务数据都保存起来，并提供一份电子订单给消费者，按照电子订货单将货物在约定的地点交给指定的人即可。

其具体交易流程如图 2-5 所示。

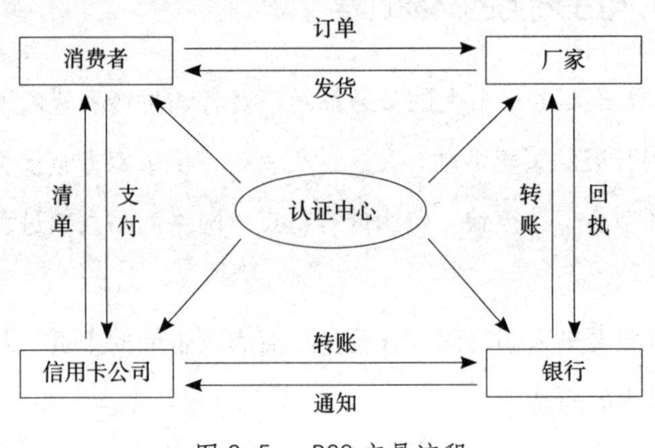

图 2-5　B2C 交易流程

三、B2C 电子商务的盈利模式

B2C电子商务的经营模式决定了B2C电子商务企业的盈利模式，不同类型的 B2C 电子商务企业会有不同的盈利模式，通常 B2C 电子商务企业都是通过以下几个方面来盈利的。

1. 销售衍生产品

所谓衍生产品就是与本行业有关联的产品。

2. 销售本行业的产品

通过网络平台销售自己企业生产的产品或加盟厂商生产的产品。

一般商品制造企业都是通过这种方式来扩大销售，获得更大利润的。

3. 产品租赁

就是商家为顾客提供租赁服务。

4. 拍卖

通过拍卖产品来获得中间费用。

5. 销售平台

就是通过接收客户在线订单而收取一定的中介费。

6. 特许加盟

运用这种模式，一来可以快速扩大规模，二来可以收取一定的加盟费。

7. 上网服务

就是为行业里的企业提供相关服务。

8. 信息发布

就是发布一些供求信息或者企业咨询等信息。

9. 广告

为企业发布广告，目前广告收益差不多是所有电子商务企业的主要盈利来源。这种模式是不是可以取得成功主要看它是否能吸引大批广告商，是否能得到广大消费者的注意。

10. 咨询服务

为业内的厂商提供咨询服务，从而收取服务费。

四、国内主要 B2C 网站简介

1. 天猫商城

“天猫”（https://www.tmall.com）原名淘宝商城，它是一个综合性的购物网站，是淘宝网斥巨资打造的一个 B2C 购物平台。天猫商城整合了数千家品牌商和生产商，力求为买卖双方提供一站式的解决方案。2012 年 1 月 11 日，淘宝商城正式改名为“天猫”，并于两个多月后发布了全新的 logo 形象，如图 2-6 所示。2013 年 11 月 11 日，天猫在“双 ll”活动中大获全胜，当日的交易额超过了 350 亿元人民币，破了世界纪录。2015 年 11 月 11 日，天猫超市“双 11”活动开始第 18 秒，交易额就超过了 1 亿，当天交易额达到 900 多亿。天猫承诺为买家提供百分之百的优质商品，保证 7 天内无理由退货，并陆续开创了很多新型的网络营销模式，受到消费者的广泛喜爱。

图 2-6　天猫商城 logo

2. 京东商城

京东商城（http://www.jd.com）是以 3C 产品为主的中国最大的 B2C 电子商务公司，在中国电子商务领域很受欢迎，具有相当大的影响力。京东商城通过内容丰富、富有人性化的网站、移动客户端和极具竞争力的价格，向消费者提供上千万 SKU 的丰富商品，并且以快速可靠的方式送到消费者手中，具有非常好的口碑。2010 年，京东商城一跃成为中国首家规模超过百亿的网络零售企业，在国内市场中占有相当大的份额。2015 年，京东全球购业务正式上线，它涵盖了包括英国、美国、韩国等国家的 1000 多个品牌、400 多家商铺，为京东商城注入了新的血液。京东商城的 logo 如图 2-7 所示。

图 2-7 京东商城 logo

3. 苏宁易购

苏宁易购（http://www.suning.com）是苏宁电器旗下新一代 B2C 网上购物平台，苏宁易购成立了一个集购买、学习、交流于一体的社区，使其成为一个专业的家电购物和咨询的网站，其最终目的是成为中国 B2C 市场上最大的 3C、彩电、空调、冰洗、生活电器以及家居用品的网购平台。2011 年，苏宁易购强化虚拟网络与实体店面共同发展，使网络市场份额不断得到提升。2014 年，苏宁易购凭借自己的物流体系，在春节期间“不打烊”，继续将优质的商品免费送到消费者手里，销量大增。除了自建物流的优势，苏宁易购还具有品牌优势、上千亿元的采购规模优势、几千个售后服务网点的服务优势、持续创新优势等。苏宁易购预计在 2020 年实现 3000 亿元的销售规模，一举成为中国 B2C 平台的领跑者之一。苏宁易购的 logo 如图 2-8 所示。

图 2-8　苏宁易购 logo

4. 当当网

当当网（www.dangdang.com）是全球最大的中文网上图书音像商城，由国内著名的出版机构科文公司、美国 IDG 集团、美国老虎基金、卢森堡剑桥集团和亚洲创业投资基金共同投资成立。1999 年 11 月，当当网在北京正式成立。当当网的主要业务是销售图书、音像制品，同时销售玩具、小家电、网络游戏点卡等众多商品。当当网的使命是坚持“更多选择、更多低价”，让越来越多的顾客享受到网上购物带来的方便和实惠。2010 年，当当网正式在美国纽约证券交易所上市，成为中国首家完全基于线上业务在美国上市的 B2C 网上商城。为了适应移动互联网时代轻阅读的发展趋势，当当网从 2015 年开始实施“数字阅读生态圈”计划，力求颠覆传统的出版模式，创建创意内容工厂，构筑出无线阅读产品矩阵。当当网的logo如图2-9所示。

图2-9 当当网logo

第三节 C2C电子商务

一、C2C电子商务的含义

C2C（Customer to Customer）电子商务是指买方是消费者，卖方也是消费者，即消费者之间的电子商务。这里所指的消费者可以是自然人，也可以是商家的商务代表。C2C电子商务通过为买卖双方提供一个在线交易平台，使卖方可以主动提供商品上网拍卖，而买方可以自行选择商品进行竞价。在交易活动中，第三方C2C电子商务平台为买卖双方提供信息发布、查找、贸易磋商、支付、物流等服务，帮助双方达成交易，类似于现实中的跳蚤市场场地提供者和管理员角色。目前国内比较知名的第三方C2C电子商务平台有淘宝网、易趣网等。淘宝网拥有目前同类网站中最多的商品和最高的人气，它还自行打造了安全度和可信度非常高的“支付宝”，淘宝网可谓是企业或个人网上开店的最佳选择。C2C 电子商务交易的交易过程如图 2–10 所示。

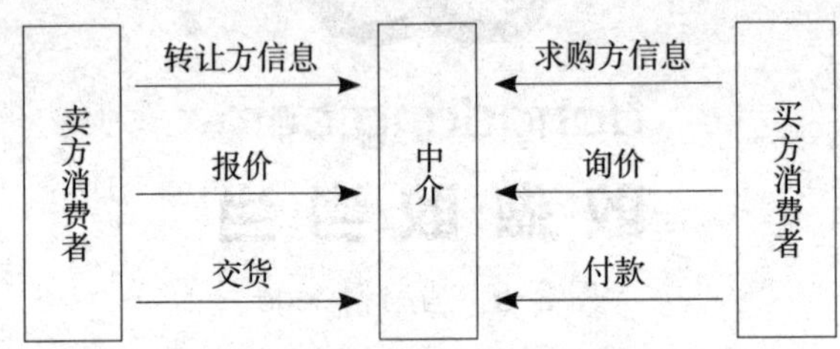

图 2–10　C2C 电子商务交易过程

二、C2C 网上购物过程

1. 注册

在网上交易，不论是买方还是卖方，都要先注册成为会员，图 2–11 是淘宝网的注册页面。

图 2–11　淘宝网免费注册页面

2. 搜索商品

（1）明确搜索词

只需在搜索框中输入想要购买商品的名称或店铺掌柜名称，然后按回车键或单击“搜索”按钮即可出现相关商品，如图 2–12 所示。

图 2–12 淘宝网搜索商品页面

（2）分类搜索

在 C2C 网站上，很多搜索框后都跟着一个下拉菜单，里面有商品的分类以及限定的时间等各种内容，只需轻轻一点，就可以找到自己想要寻找的商品。例如，搜索“火柴盒”时会出现很多“火柴盒”牌的汽车模型，这时只需选择“居家日用”分类，页面上就会出现很多真正色彩斑斓的火柴盒。

（3）妙用空格

如果想使网页上呈现出更全面的商品内容，只需在多个词语之间加上空格即可。

（4）精确搜索

精确搜索的方式有两种：第一，运用双引号。例如，在搜索框中输入“佳能相机”（不包括双引号）4个字，网页中就会出现很多类似“佳能 IXUS500HS；万信达（WXD）SM100616 单反相机专用数码包”的商品，而如果在网页中输入加有英文引号的“佳能相机”几个字，网页中出现的将只有“佳能相机”这4个字连在一起的商品。第二，使用加减号。在两个词语间用加号，意味着准确搜索包含这两个词的内容；反之，在两个词语间用减号，意味着避免搜索减号后面的那个词。

（5）不必区分大小写

在搜索框中，不管是输入大写的英文字母还是小写的英文字母，网页上出现的商品都是一样的。

3. 联系卖家

在看到自己感兴趣的宝贝时，买家要先和卖家取得联络，向卖家咨询宝贝的细节，以及是不是有货等，多沟通可以增进对商品的了解，避免出现误会。通常联系卖家的方法有以下几种：

（1）发站内信件

买家可以通过发站内信件的方法向卖家询问与商品有关的细节，包括价格优惠等，站内信件只有买家和卖家双方可以看到，和某些论坛里的短消息相似。

（2）留言

每件宝贝下面都有一个空白框，在这里写上你要问卖家的问题。需要注意的是，如果卖家没有回复，这条留言及其答复都不会被显示出来。但这些信息一旦显示，就会被所有人看到，所以最好不要在这里暴露自己的手机号码、邮寄地址等私人信息。

（3）利用聊天工具

不同网站支持的聊天工具也不尽相同，如淘宝的聊天工具是旺旺，拍拍的聊天工具是 QQ，买家可以通过它们直接与卖家沟通。

4. 购买

和卖家商量好交易细节后，就可以直接购买商品了。购买的时候只需在购物车中选好商品，按照提示步骤进行支付即可。

5. 评价

买家拿到商品之后，可以向卖家确认收货，并根据交易情况进行评价，如果对商品不满意，可以选择退货或换货。如图 2-13 所示。

图 2-13 淘宝网评价页面

三、C2C 电子商务的盈利模式

1. 搜索引擎竞价排名

C2C 网站商品的丰富性决定了购买者搜索行为的频繁性。和百度搜索的盈利模式相似，C2C 电子商务平台也可以通过搜索引擎竞价排名的方式来盈利。用户可以就某个关键字提出自己觉得合适的价格，最后谁出价最高谁就可以获得这个关键词相应的排名，在有效的时间里，当搜索栏里输入这个关键词的时候，该用户的产品就会出现在相应的名次上。但由于 C2C 电子商务网站用户的特点，这种盈利模式无法与百度的搜索竞价排名相比，用户对于这种服务的态度取决于用户自身的发展和壮大。

2. 广告费

在网络中，C2C 网站的地位和实际生活中的大型超市相似，都是网民经常去的地方，拥有超强的人气、频繁的点击率和数量庞大的会员。网站上有价值的位置通常用于放置各式各样的广告，网站管理人员会根据网站流量和网站人群精度标定广告位价格，然后再通过各种形式向客户出售。其中蕴藏着无限的商机，这是所有企业都不想错过的，因此广告费就成为网站利润的一大来源。如果 C2C 网站拥有很大的访问量和用户黏度，广告业务量会非常大，收益也会非常高。

3. 交易提成

交易提成一直是网站最主要的利润来源之一。C2C 网站平台为买卖双方提供了买和卖的机会，与现实生活中的交易所相似，收取提成是C2C网络平台市场本性的体现。

4. 支付环节收费

在很长时间里，支付一直在阻碍着电子商务的发展。后来阿里巴巴集团成功推出了支付宝，才使在线支付业务得到了一定的发展。在购物的时候，买家会将钱打到支付公司的个人专用账户，当买家确定收到商品以后，再通知支付公司将钱打到卖家的账户里。这样一来，买家和卖家都少了一分担心，而支付公司会按照交易的金额收取手续费。

四、国内主要C2C网站简介

1. 淘宝网

2003年5月10日，阿里巴巴这个全球最佳B2B公司依托其在B2B市场的成功经验和服务能力，斥巨资打造了淘宝网（https://www.taobao.com）这个C2C网上购物平台。在中国C2C市场，淘宝的市场份额超过60%。随着淘宝网规模的扩大和用户数量的增加，现在淘宝网已经告别了单一的C2C网络集市，一跃成为包括C2C、团购、分销、拍卖等多种电子商务模式在内的综合性零售商，已经成为遍布世界各地的电子商务交易平台之一。但是，淘宝网在领先和压力之间并存，之前，淘宝网在2006年5月推出旨在收取利益的招财进宝，但因多方面原因受挫。通过这件事，阿里巴巴的领导人意识到这样的市场地位并不稳固，其他C2C网站随时都可能爆发出惊人的能量，直接挑战淘宝的权威。如果淘宝网想要保持独占鳌头的优势，就必须更加谨慎地走每一步。淘宝网的 logo 如图 2–14 所示。

图 2–14　淘宝网 logo

2. 易趣网

易趣网是我国首家 C2C 购物网站，它组建于 2006 年 12 月，是由全球最大的电子商务公司 eBay 与国内领先的门户网站、无线互联网公司 TOM 在线携手打造的一家合资公司。2012 年 4 月，eBay 宣布不再与 TOM 合作。从此，易趣网不再是 eBay 的中国站点，而是一家由 TOM 独资运营的电子商务交易平台。2015 年，京东与易趣合作的“eBay 海外精选”频道正式上线，显示出新的生机。但是，有一个问题是不能回避的，那就是几经周折的易趣网早已元气大伤。易趣网 logo 如图 2–15 所示。

图 2–15　易趣网 logo

第三章　电子商务营销策略

第一节　市场调研

一、市场调研的必要性

蓬勃发展的互联网为我们提供了一个巨大的信息库，这个信息库几乎囊括着人类社会各方面的信息资源，而且这个信息库每时每刻都有新的信息补充进来。如果想使企业处于优势地位，就要系统科学地收集、整理、分析、研究这些信息，使企业获得竞争对手的资料，弄明白目标市场和营销环境，为经营者进行细分网上市场、识别上网顾客需求、确定网上营销目标等工作提供相对准确的决策依据。所以说，市场调研是市场营销中非常重要的一环。

二、市场调研的方法

电子商务营销市场调研的方法分为直接调研法和间接调研法两类，具体方法如下。

1. 直接调研法

直接调研是指利用互联网直接收集一手资料或者原始信息为当前特定目的，在因特网上收集一手资料或原始信息，并进行整理、分析和研究的过程。直接调研的方法有很多，最常用的是专题讨论法和在线问卷法。在实际工作中应采取哪种方法，应根据具体的调查目的和需要来决定。

（1）专题讨论法

专题讨论法通常通过3种方法来进行：Usenet新闻组、电子公告牌以及邮件列表讨论组。具体操作步骤如下：

①确定需要调研的目标市场。

②认清目标市场中需要进行调研的讨论组。

③确定一个需要讨论的题目。

④登录对应的讨论组，并将可能有用的信息摘录出来，或者建立一个新话题，让大家一起探讨，在探讨过程中发现有价值的信息。

具体来说，确定目标市场不仅可以通过Usenet新闻组、电子公告牌或者邮件列表讨论组的分层话题来确立，还可以通过向讨论组的参与者询问其他有关名录来确立。另外，为了能够以名录为依据进行市场调查，在此过程中还要注意查阅讨论组上经常出现的问题。

（2）在线问卷法

在线问卷法就是让浏览其网站的个体参加到企业的市场调研中来。可以将此事委托给专业人员或专业的公司进行。具体操作步骤如下：

①制作出简单的问卷，并将问卷邮寄到有关的讨论组。

②将简单的问卷发放到自己的网站上。

③将有关信息传递给讨论组，并将链接指向已经发放到自己网站的问卷上。

在进行在线问卷调查的时候要注意，为了确保所收集数据的质量，问卷不能设计得太过繁杂、详细，否则会让被调查者感到厌烦。另外，在进行在线问卷调查的时候，最好采取一定的激励措施，例如，填写问卷即可获得免费礼品或者可以参加抽奖活动等。

2. 间接调研法

间接调研法就是从网上搜集一些有价值的二手资料。二手资料的来源非常广泛，可以从政府出版物、大学图书馆、公共图书馆、市场调查公司、贸易协会等处获得。现在，很多单位和机构都在网络上有自己的网站，资料收集者可以通过访问其网站获得所需信息。除此之外，还可以从各种各样的综合型 ICP（互联网内容提供商）、专业型 ICP 或者数目繁多的搜索引擎网站获取资料，非常便捷。

然而，虽然互联网上的二手资料非常多，但如果想找到真正有价值的信息，不仅要熟练掌握搜索引擎的使用，还要了解专题型网络信息资源的分布。从网上寻找资料的方法主要有以下 3 种：利用搜索引擎、访问相关网站以及利用相关网上数据库。

（1）利用搜索引擎

搜索引擎会通过自动索引软件来发现、搜集、标引网页，并建一个数据库，然后以 Web 的形式给搜索者展现出一个检索界面，以方便搜索者可以用关键词、词组、短语等检索项找出与之匹配的记录，这是因特网最突出的应用。

（2）访问相关网站

在知道所调研专题的信息集中在哪些网站的情况下，可以直接进入这些网站，寻找所需信息。

（3）利用相关网上数据库

网上数据库可分为两种，付费数据库和免费数据库。国外用于市场调研的数据库通常都是付费数据库。我国的数据库业在近 10 年里发展迅速，最近几年里有一些 Web 版的文献信息型数据库陆续出现。

三、市场调研的步骤

网络市场调研必须按部就班地进行，通常都要经过以下 5 个步骤：

1. 确定目标

虽然网络市场调研的每一步都很重要，但是调研问题的界定和调研目标的确定可以说是最重要的一步。只有明确企业当前存在的主要问题，才能确定网络调研的目标。例如：

（1）谁有可能在网络上使用你的产品或服务？

（2）在这个行业，哪些竞争对手已经上网？他们在做什么？

（3）在企业的日常运作里，可能要受哪些法律、法规的约束？应该怎样规避？

（4）客户和员工的满意度如何？

（5）你的客户怎样评价你的竞争者？

（6）网站的体验如何？

在确定调研目标的同时还要确定调研对象，网络调研对象主要包括以下几类：企业产品的消费者、企业的竞争者、网民、企业所在行业的管理者以及行业研究机构。

2. 制订调查计划

网络市场调研的第三步是制订有效的调研计划，也就是确定资料来源、调查方法、调查手段、抽样方案和联系方法。具体操作方法见表 3–1。

表 3–1 调查计划的内容

计划项目	项目操作方法
资料来源	二手资料、一手资料（原始资料）
调查方法	专题讨论法、问卷调查法、实验法
调查手段	在线问卷、交互式电脑辅助电话访谈系统、网络调研软件系统
抽样方案	抽样单位、样本规模、抽样程序
联系方法	E-mail 传输问卷、参加网上论坛等

3. 收集信息

在确定了调查方案以后，市场调研人员就可以通过电子邮箱向互联网上的个人主页、新闻组或者邮箱清单发出有关的调查资料，然后就可以开始进入收集信息阶段。利用互联网进行市场调研，不管是一手资料还是二手资料，都可以同时在全国或全球领域内进行，收集的方法也非常简单，直接在网上递交或者下载即可。与传统的调研方法相比，网络调研收集和输入信息更加方便、快捷。

4. 分析信息

收集信息后要做的就是分析信息，这一步非常关键，是把握商机、战胜竞争对手、取得经营成果的一个制胜法宝。在分析信息时，需要使用一些数据分析技术。如交叉列表分析技术、概况技术、综合指标分析和动态分析等，目前国际上较为通用的分析软件有SPSS、SAS等。

5. 提交报告

整个调研活动的收尾工作就是撰写调研报告，撰写调研报告并不是简单地将数据和资料堆砌在一起。调研人员不能把数量庞大的数字和冗杂的统计都丢到管理人员面前，这样会使调研工作失去应有的价值。调研人员应该将与市场营销关键决策有关的主要调查结果都写出来，在写的时候要遵循有关文本结构、格式和文笔流畅的写作原则。

第二节　市场分析与定位

一、网络市场细分

1. 市场细分的概念

所谓网络市场细分就是指企业在调查研究的基础上，根据网络消费者的购买欲望、购买动机和习惯爱好等方面的不同，将网络营销市场分成若干个群体，每个消费群体就是该企业的一个细分市场。一般网络营销市场都可以分成很多个细分市场，其中每个细分市场都是由购买欲望或需求相近的消费者构成的。在一个细分市场的内部，消费者所需要的产品或服务都是一样或相似的，而不同细分市场之间则有着非常显著的差异。

2. 市场细分的意义

网络市场细分对企业的生产、营销起着非常重要的作用。

（1）对网络市场进行细分有利于选择目标市场和制定市场营销策略

对企业而言，网络消费者在需求没有被满足之前，都是潜在的、不易被发现的。市场细分后的子市场会变得非常具体，可以使企业深入了解网络市场顾客的不同需求，并依据自己的经营思想、方针、生产技术以及营销力量，确定自己的服务对象，也就是目标市场，并为消费者提供相应的产品，最终达到开拓新市场，提高市场占有率的目的。另外，市场细分还可以使企业针对各细分市场制定和实施网络营销组合策略，做到有的放矢。

（2）对市场进行细分有利于集中人力、物力投入到目标市场

不管企业想进行什么工作，也不管企业的最终目的是什么，都将面对网络营销中主要和次要的目标市场。任何一个企业的人力、物力、资源、资金都是有限度的，企业在对市场进行细分后，就可以集中人力、财力、物力及资源，去争取局部市场上的优势，然后更快地占领自己的目标市场，以使经济效益最大化。

3. 市场细分的依据

（1）人口细分

人口细分就是按照消费者的人口统计因素对市场进行细分。一般来说，年龄、性别、教育、收入、职业、民族、宗教、社会阶层等都属于人口统计因素。例如：根据消费者的年龄因素，可将网络市场分成婴儿市场、儿童市场、青年市场、中年市场、老年市场等；根据消费者的职业因素，可将网络市场分成工人市场、农民市场、学生市场、教师市场等。

（2）地理细分

地理细分就是按照消费者身处的地理位置和自然环境对市场进行细分。地理位置和自然环境包括地形、气候、陆地、海洋、国家等方面，这是所有网络营销企业都必须直面的环境变量。身处不同地理环境下的消费者的购买欲望或需求也会有所不同。例如：按照地形的不同，可以分成高山、平原、丘陵、盆地、高原等；按照气候的不同，可以分成亚热带气候、温带季风气候、温带大陆性气候、高山气候等。

（3）心理细分

心理细分就是按照消费者的心理特征和价值取向对市场进行细分。消费者的心理特征和价值取向包括消费者的性格、爱好、购买动机和价值取向等。消费者的心理状态会直接影响到消费者的消费行为，所以以消费者的心理特征、价值取向来细分市场的情况非常常见。例如："户外装备专卖店"面向的是喜欢户外活动的消费者；"好玩的店"面向的是那些追求新奇生活用品的消费者；而书店面向的是喜欢读书或需要读书的消费者等。

（4）行为细分

行为细分就是根据消费者购买或使用商品的不同特点对市场进行细分。例如：根据消费者购买商品的不同时机，可将市场分成旺季市场和淡季市场；根据消费者所注重利益的不同，可将市场分成追求功能型市场和追求质量型市场等。

4. 网络市场细分的程序

（1）明确研究对象

在进行网络市场细分之前，必须先根据企业战略计划规定的任务、目标和市场机会等因素选定需要分析的市场，然后决定是细分整个市场，还是从中选择一个局部市场进行细分。

（2）商定细分市场的方法、形式及具体变量

企业要先根据实际情况商定采用什么方法细分市场，然后再商定细分市场的形式，也就是商定从哪个或在哪些方面来细分市场。最后还要商定具体的细分变量，并把它作为相关细分形式的基本分析单位。

（3）收集信息

做完上面两步，就要对商定的目标市场进行调研，并在调研的过程中获取细分市场需要的数据和资料。

（4）实施细分并进行分析评价

企业通过科学的定性和定量方法对所得数据进行分析，合并相关性高的变量，筛选出存在明显差异的细分市场，然后对这些细分市场的规模、竞争情况以及变化趋势等问题进行分析、测量、评价。

（5）选择目标市场并制定营销策略

在完成市场细分以后，就要根据细分的结果来制定营销策略。如果完成市场细分后，发现市场情况不是很理想，企业可以选择放弃这个市场，进军其他市场；反之，如果市场情况良好，市场需求和潜在利润较大，企业就可以制定出相应的营销策略。

二、网络市场定位

1. 市场定位的概念

所谓市场定位就是营销企业为产品或服务确定某一方面或某几个方面的市场地位，让本企业的品牌在目标市场的顾客里形成与其他竞争对手不同的形象，以更好地适应消费者的需求，巩固企业与客户的关系。企业决定选择哪个细分市场作为目标市场，不仅要依据细分市场的容量、潜力、环境因素，还要考虑细分市场的状况是不是可以让企业最大限度地发挥它的优势和营销能力。不同的产品和服务可以选择更加具体的参数或技术标准进行定位，如使用产品或服务的成本、价格、质价比、保值性、质量、功能、外观、使用方法或者服务保障等。

2. 市场定位的方式

根据上面对市场定位的定义可以得出，网络市场定位的策略有以下几种：

（1）迎头定位策略

这是一种与在市场上占主导地位的竞争对手“对着干”的定位

方式，是指企业在考虑过自身实力后，为了抢占更好的市场位置，不惜与在市场上占主导地位的对手发生正面竞争，用这样的方法让自己企业的产品进入和竞争对手相同的市场里。当初小米在它的官网里推出小米手机和红米手机的饥饿营销活动，不久华为就推出了华为荣耀系列手机，而且价格和档次与小米手机相差无几，在这次活动中，华为取得了很大成功，为华为手机走向高端机奠定了坚实的基础。采用迎头定位策略可以让企业和企业产品很快进入消费者的视野里，进而达到树立企业市场形象的目的。但是对于企业来说，这种策略要冒很大的风险。

（2）避强定位策略

这是一种避开强有力竞争对手的市场定位方式，是企业为了避免与在市场中占据主导地位的企业发生直接竞争，而把自己企业的产品定位于另一个细分市场里，让自己的产品在某些特征或某些属性方面与在市场中占据主导地位的企业产品有比较明显的区别。例如，在洗发水市场早已饱和，而且被保洁等几家大企业占据了超过80%的市场时，霸王洗发水另辟蹊径，以中药洗发水的概念进入市场，成功地抢占了一部分市场。采用避强定位策略可以让企业短期内在市场上站稳脚跟，并在消费者心中树立一个好形象，降低了风险度。但是这种避强通常都意味着企业必须放弃某个最好的市场，很可能让企业处于一个最差的市场里。

（3）重新定位策略

重新定位策略就是对销路不畅的产品进行二次定位，如果企业选择了某个市场定位目标，却发现定位不准确或者虽然开始的时候定位得当，后来市场情况出现了较大变化，这时就要考虑重新定位。例如，王老吉公司以前传统的凉茶去火功能定位是上火喝凉茶，但后来又重新定位为“怕上火喝王老吉”，让以前只在上火后喝凉茶的人改变了传统思维，在吃火锅还没有上火的时候就开始喝凉茶，极大地扩大了消费者的范围。重新定位是以退为进的策略，目的是为了保证定位更准确，使企业产品销量上升。

3. 网络市场定位的内容

网络市场定位的内容包括以下 3 方面：顾客服务定位、网站类型定位和服务半径定位。

（1）顾客服务定位

企业设立网站的目的是为上网顾客提供服务，上网顾客的不同需求构成了企业网站潜在的目标市场。所以，企业网站要根据顾客需求的不同来对自己的网站进行定位。顾客上网主要是为了满足以下几个需求，如：信息查询、各种咨询服务、信息发布、订购服务等。企业网站要从自己的实力出发，从中选择一个或几个方面的突出服务，让这种服务的鲜明特色传播到广大网民的心里。

（2）网站类型定位

现在，网站类型主要有两种：交易型和宣传型。宣传型网站并没有交易的功能，如果网站定位于宣传型网站，就应该致力于介绍企业的经营项目、产品信息和价格信息等。而交易型网站既可以用来介绍企业的服务项目、产品信息、价格信息等，又可以为客户提供一个交易平台，让买卖双方能够相互传递消息，进而进行网上交易。如果网站定位为交易型网站，就要突出交易平台的特点。

（3）服务半径定位

根据网站不同的服务内容来规划网站的服务区域，也就是服务半径。根据这个因素，网站可以分为3种：国际型、全国型和地区型。从理论上说，网络营销并不受时间和空间的限制，但它依然会受到客观条件限制，网站服务半径也是有一定局限性的。企业网站要根据自身的实力在服务范围上进行定位。例如：如果企业选择定位于国际型网站，就要突出国际化的特色；如果企业选择定位于全国型网站，就要突出中国特色；如果企业选择定位于地区型网站，就要突出地方特色，尤其是当地的历史文化特色。

4. 网络市场定位的步骤

企业在进行网络市场定位的时候，大多要经过以下4个步骤：

（1）分析当前目标市场的情况，确定当前企业的竞争对手。

（2）准确定位自己企业的竞争优势，制定针对目标市场的定位策略。

（3）提高向消费者传播企业（信息文化）的观念。

（4）巩固企业的市场形象。

第三节　产品策略

在企业营销组合里，产品是最重要的因素，所有企业的市场营销活动都必须以产品为基础，如果没有产品，消费者的需求就难以得到满足，也就无从谈起其他的营销活动。如今电子网络的发展和普及使网络的应用越来越广泛，作为网络营销的产品和服务也就显得尤为重要。

一、产品分类

在网络上销售产品，按照产品性质的不同，可以分为 2 大类：实体产品和虚体产品。两种产品的比较详见表 3–2。

表 3–2　实体产品和虚体产品的比较

<table>
<tr><th>产品形态</th><th colspan="2">产品品种</th><th>产品</th></tr>
<tr><td>实体产品</td><td colspan="2">普通产品</td><td>消费品、工业品等实体产品</td></tr>
<tr><td rowspan="4">虚体产品</td><td colspan="2">软件</td><td>计算机软件、电子游戏等</td></tr>
<tr><td rowspan="3">在线服务</td><td>互动式服务</td><td>远程医疗、法律救助、网络交友、计算机游戏等</td></tr>
<tr><td>网络预约服务</td><td>航空、火车订票，电影、音乐会、球票预订，预订饭店、餐馆，旅游预约服务，医院预约挂号等</td></tr>
<tr><td>信息咨询服务</td><td>法律咨询、医疗咨询、股市行情分析、金融咨询、资料库检索、电子新闻、电子报刊、研究报告、论文等</td></tr>
</table>

1. 实体产品

实体产品是指有具体物理形态的物质产品，如图书音像制品、家用电子产品、玩具食品、计算机硬件和大部分的工业用品等。在网络上销售实体产品的过程和传统的营销方式有些差异。在这里已没有传统的那种面对面的买卖方式，网络上的交互式交流变成了买卖双方交流的主要形式。消费者或客户通过网络上的页面考察其商品，通过填写表格的方式表达出自己对品种、质量、价格和数量的选择；而卖方则通过邮寄或送货上门的方式将商品交到买方手中。这一点与邮购产品颇为相似，所以网络销售也是直销的一种。

2. 虚体产品

虚体产品指企业销售的无形、数字化的资讯和媒体产品，如电子报纸、电子杂志。虚拟产品的交易只有服务的交换过程，而没有物流过程，所以非常适合网上交易。在网络上销售的虚体产品可以分为两大类：软件和服务。网上软件销售商常常可以提供一段时间的试用期，允许用户尝试使用并提出意见。好的软件能够很快吸引顾客，使他们爱不释手，并为此付费购买。而网上服务销售不仅可以使消费者节省时间，而且可以满足消费者对信息的需求，让他们便捷地享受到优质的信息服务。

二、适合用来网上营销的产品

一个企业能否生存与发展，关键在于它的产品能否满足消费者的需求。如今电子网络的发展和普及使网络的应用越来越广泛，网络营销的产品和服务也就变得尤为重要。

由于网络的虚拟性，与传统营销相比，网络营销存在一些不利之处：产品的质量、包装、质感等不能直接被消费者感知。因此，并不是所有的产品都适合于网络营销。到底什么样的产品适合进行网络营销，这必须结合网络特点进行科学、合理的网络营销产品决策。一般而言，目前适合在互联网上销售的产品通常具有以下特性：

1. 产品特点

消费者在购买时就能确定或评价其质量的同质性或标准化的产品比较适合在网上进行销售（如图书、通信产品）。还有一些无形产品（如服务），也可以借助网络实现远程销售（如远程数码产品）。

2. 产品质量

看产品质量是否容易标准化，是否易于稳定质量；网上销售的产品，产品质量应该是比较稳定的。网络的虚拟性让顾客不能在购买前直接接触到产品，为了避免退货给企业造成的负面影响，企业必须确保产品质量。

3. 产品式样

通过互联网进行销售的产品必须符合该国或地区的风俗习惯、宗教信仰和教育水平。随着社会生产力的提高以及网络和信息化的发展，网络营销里的产品策略和以前有很大的差别，它慢慢演变为满足消费者个性化需求的营销策略。

4. 产品品牌

就是产品品牌是否醒目，是否有高知名度，是否为消费者所熟悉。在网络营销中，生产商和经营商的品牌一样重要，因为在消费者的心里，名牌产品往往质量都比较有保障，所以如果想在网络浩如烟海的信息里吸引到浏览者的眼球，就必须拥有明确、醒目的品牌。所以，名牌产品比较适合进行网上销售。

5. 产品包装

作为要通过互联网销售到世界各地的产品来说，它的包装必须适合网络营销的要求。

三、新产品开发

在网络经济时代，因为信息和知识实现了高速共享，新的技术发明和工艺革新传播的速度越来越快。当一种新产品开发成功后，它的竞争对手会立刻对其进行模仿，产品的技术革新、更新换代周期缩短，从而使新产品的生命周期大大缩短。这就让以前单纯依靠产品的竞争慢慢变成拥有不断开发新产品能力的竞争。如果企业开发的新产品可以满足市场的需求，就可以迅速占领市场，打败其他竞争对手。

1. 新产品构思与概念的形成

开发网络营销新产品首先要形成新产品的构思和概念。企业开发出的新产品要定位到消费者心中，让消费者一产生类似的需求就会联想到这种产品。因此企业要根据市场的需求情况和企业的自身条件，充分考虑用户的使用要求和竞争对手的动向，有针对性地提出开发新产品的设想和构思。

新产品的构思可以有多种来源，可以是顾客、科技工作者、竞争者，也可以是公司销售人员、中间商或高层管理者，但最主要的来源还是依靠顾客来引导产品的构思。网络营销的一个最重要特性是与顾客的交互性，它通过信息技术和网络技术来记录、评价和控制营销活动，掌握市场需求情况，从而形成产品构思。但仅有产品的构思还不够，还要进行筛选，找出最适合企业开发的产品。

2. 网络营销中新产品的研制与开发

与传统新产品的研制不同，在网络营销新产品的研制过程中，顾客不再是简单地被动地接受测试和表达感受，而是可以全程参加概念形成后的产品研制和开发工作。但要注意的是，许多产品并不能直接提供给顾客使用，它需要许多企业共同配合才能满足顾客的最终需求。在网络营销新产品的研制与开发中，企业之间应该加强合作，因为只有通过合作才可能增强企业竞争能力，才可以在激烈的市场竞争中站稳脚跟。企业可以通过互联网与供应商、经销商、顾客进行双向的沟通和交流，可以最大限度地提高新产品的研制与开发速度。

3. 网络新产品的开发策略

新产品不仅指新发明的产品，从顾客的需求出发，只要产品整体概念中的任何一个层次发生了变化、改进、革新，都可以叫作新产品。与传统新产品开发一样，网络营销新产品的开发策略也有下面几种类型，但策略制定的环境和操作方法有些不同。

（1）全新产品

全新产品是指应用新科技成果，运用新原理、新技术、新工艺和新材料制造的，市场上前所未有的产品，这种策略一般主要是创新公司采用的策略。进入网络时代，市场需求发生了根本性的变化，消费者的需求和消费心理都发生了重大变化。因此，如果有非常好的构思和服务理念，就算没有足够的资金也可以凭借这些构思和服务理念取得成功，因为许多风险投资商都愿意将资金投到互联网市场。但全新产品的开发难度大，开发周期长，需要大量投资，市场前景不确定性大，而且在开发成功后，还有一个用户接受和产品普及的过程。

（2）新产品线

新产品线，即让公司首次进入现有市场的新产品。互联网的技术扩散速度非常快，利用互联网迅速模仿和开发出已有产品是新产品开发的一条捷径。但因为在网络时代新产品开发速度的加快和产品寿命周期的缩短等方面的影响，这种产品策略只能作为一种对抗性的防御策略。

（3）现有产品线外新增加产品

现有产品线外新增加产品，即补充公司现有产品线的新产品。因为市场不断细分，市场需求差异性增大，这种新产品策略是一种比较有效的策略。这种策略不仅能满足不同层次的差异性需求，还能以较低风险进行新产品的开发。

（4）现有产品的更新换代

现有产品的更新换代，即在原有产品的基础上，部分采用新技术、新材料、新工艺开发和制造出来的产品，这些新产品在性能上比原有产品有较大幅度提高，是能给使用者带来新感受的产品。在网络市场中，消费者具有很大的选择权，所以企业如果不想被市场抛弃，就必须不断改进现有产品并进行升级换代。这种新产品和原来产品的区别不是很大，可用较少的资源更好地满足顾客多样化与个性化的需求，而且非常便于进入市场，并被用户接受。

（5）降低成本的产品

降低成本的产品就是提供同样功能但成本较低的新产品。在网络时代，虽然消费者注重个性化消费，但消费者的行为也会随之变得更加理智，消费者会更强调产品将给自己带来的价值和自己为之付出的代价。所以功能相同但成本更低的产品更能满足日益成熟的市场需求。

（6）重定位产品

重定位产品，即以新的市场或细分市场为目标市场的现有产品。网络营销使企业的营销突破了时空限制，给企业开辟新市场、新领域提供了条件，让企业可以在全球市场中对原有产品进行重新定位，以获得更多的市场机会。例如，国内的中档家电产品通过互联网进入其他发展中国家或地区市场，可以将产品定位为高档产品。

在网络营销产品策略里，企业到底应该选择哪种新产品开发策略，要根据企业的实际情况来决定。但要注意，一个企业如果想持续稳定地发展，就应该将开发新市场的新产品当作企业竞争的核心。结合网络营销市场的特点和互联网的特点来说，对于相对成熟的企业来说，后面几种新产品策略只可以当成一种短期较稳妥的策略，却不能作为企业长期的新产品开发策略。而其他新产品的开发策略也许在短期内较为稳妥，但不能当作企业长期的新产品开发策略。

4. 网络营销新产品的试销与上市

网络市场作为新兴市场，消费群体一般具有很强的好奇性和消费领导性，比较愿意尝试新的产品。所以，通过网络营销的方式来推动新产品的试销和上市，是一种比较好的策略和方式。这种方式一方面可以更有效地覆盖目标市场，另一方面可以利用网络与顾客直接进行沟通和交流，不但可以让顾客了解新产品的性能，还可以帮助企业对新产品进行改进。但要注意的是，网络市场群体有一定的局限性，所以并不是所有新产品都适合在网上进行试销和推广。

如果企业选择利用互联网作为新产品营销渠道，就要注意新产品要能满足顾客的个性化需求的特性，也就是说，针对网络市场不同顾客的需求，同一件新产品不仅要具备相同的功能，还要能满足消费者的个性化需求。这就要求企业在研发新产品的时候考虑到产品式样和顾客需求的差异性。

第四节　价格策略

价格是影响消费者购买决策的重要因素，消费者都希望通过广泛的挑选和比较购买到质量最好、服务最优、价格最低的商品。在电子商务营销中，用户只需用鼠标一点，所有产品及其价格都会直观地呈现在他们面前，所以用户可以自行选择产品。因此，卖方必须将价钱定在消费者可以接受的范围内。企业在制定网络营销策略时，应对各种影响因素进行综合考虑，根据市场的实际情况，从定价目标出发，灵活运用定价策略来实现企业目标。网络定价的策略很多，这里主要着重阐述免费价格策略、低价策略、竞价策略、使用定价策略、定制定价策略。

一、免费价格策略

免费价格策略是指企业为了实现某种目的，将企业的产品和服务以零价格的形式让消费者使用，以满足消费者需求的价格手段。免费价格策略是市场营销中常用的营销策略，它主要用于促销和推广新产品，这种策略一般是短期和临时性的。

电子商务营销产品实行免费价格策略是受到一定环境制约的，并不是所有产品都适用。一般来说，免费产品应具有以下特质：一是产品要易于数字化，可以通过互联网实现零成本的配送，以达到通过较小成本就可实现产品推广的目的；二是产品要具有无形化的特点，可以通过数字化技术实现网上传输；三是产品的制造成本为零，也就是产品一旦被研发出来，就可以通过简单的复制实现无限制生产；四是产品要具有成长性，这样才能使企业先通过免费产品占领市场，然后为产品和企业的未来发展奠定坚实的基础；五是可以给企业带来间接的受益，采用免费价格的产品或服务，可以帮助企业通过其他渠道盈利。

通常免费价格的形式包括以下几类：

1. 完全免费

产品（服务）从购买、使用到售后服务的所有环节都是免费的，如很多报纸的电子版在网上可以免费浏览。

2. 有限免费

产品（服务）可以被有限次地使用，超过一定期限或者次数后，则取消这种免费服务，如某些游戏软件允许用户注册后享受一定时间的会员待遇，过斯后如果还想使用，就要花钱购买。

3. 部分免费

企业将产品分成不同的层面，有的免费，有的要付费。例如，有的网站允许消费者免费观看部分电影片段，如果消费者想看余下的内容，就必须付费。

4. 捆绑式免费

购买某产品或服务时赠送其他产品和服务，如通信公司免费赠送客户手机，条件是要每月要消费够一定的话费额度。

总之，企业可以根据自己所生产产品的特性和网上市场的发展状况来选择合适自己企业的价格策略。但不管采用什么方法，都必须符合商业运作模式，还要经过精心策划，把握时机，积极推广，以迅速聚集足够庞大的用户群体。

二、低价策略

网络营销企业对所经营的产品以低于传统营销定价的价格出售的一种定价策略。根据有关统计调查，消费者选择网上购物，一方面是因为网上购物比较方便，另一方面则是因为从网上可以获得更多的产品信息，从而以最优惠的价格购买商品。互联网可以从诸多方面来帮助企业降低成本费用，从而使企业有更大的降价空间来满足顾客的需求，所以采用比传统市场更低的价格销售产品是网络营销普遍采用的定价策略。

企业最常用到的低价策略有以下几种：

1. 直接低价策略

直接低价策略是企业在产品成本的基础上加一定的利润形成产品价格的策略。一般制造企业在网上直销时都会采用这类策略。

2. 折扣策略

折扣策略就是企业在产品原价基础上实施一定的折扣来定价的策略。这种方式的优点是让顾客直接了解产品的降价幅度，以加大顾客的购买意愿。

3. 促销定价策略

促销定价策略就是在产品原价基础上为促进销售而临时制定价格的策略。企业为了拓展网上业务，但是价格又不具备竞争优势的时候，可采用有奖销售和附带赠品销售的方式。

在具体实施低价策略时要注意以下几点：第一，消费者通常都会认为，和传统市场相比，从网上购物要更加便宜，所以最好不要在网上销售那些消费者对价格敏感，但是企业又很难降价的商品；第二，在网上公布价格时，一定要注意区分消费对象，通常消费对象可以分成一般消费者、零售商、批发商、合作伙伴 4 大类，为了避免因低价策略造成营销渠道混乱，不能向他们提供一样的价格信息发布渠道；第三，在网上发布价格时，要多参考其他同类站点公布的价格，如果消费者可以轻而易举地找到更便宜的商品，价格信息公布后就可能产生负面影响。

三、竞价策略

网上拍卖是指网络服务商利用互联网技术平台，让商品所有者或某些权益所有人在其平台上独立开展以竞价、议价方式为主的在线交易模式。一般，都是由网上拍卖厂家规定一个底价，然后由消费者通过 Internet 轮流公开竞价，在规定的时间里谁出的价格最高谁就可以买到该商品。竞价策略可能会破坏企业原来制定的营销渠道、价格策略，所以并不是企业的首选。通常企业用于拍卖的都是库存积压产品，或者将新产品通过拍卖的方式达到促销的效果。目前我国已有多家网上拍卖站点提供此类服务，如易趣等。

四、使用定价策略

使用定价策略就是消费者通过互联网注册后，可以直接使用某个产品或服务，消费者只需根据使用次数来付费，而不需要将产品完全购买。随着经济的发展，人们的生活水平越来越高，人们对产品的需求也变得越来越多，再加上产品的使用周期变得越来越短，许多产品在顾客购买后使用几次就放置不用了，非常浪费，因此制约了许多顾客对这些产品的需求。为改变这种情况，可以采用和传统营销中的租赁相似的方式定价，即按使用次数定价。这种策略，对于顾客来说，不仅节省了购买产品的开销，而且节省了安装产品、处置产品的麻烦，对于企业来说，这不仅可以减少企业为完全出售产品而进行的不必要的大量生产和包装浪费，还可以吸引那些有顾虑的顾客购买，扩大了市场份额。目前比较适合的产品有软件、音乐、电影和电子刊物等。例如，视频类产品可以通过视频点播系统来实现在线点播，而不必购买。

五、定制定价策略

定制定价策略就是按照顾客需求进行定制生产，这是网络时代满足顾客个性化需求的基本形式。由于现在消费者的个性化需求差异性比较大，再加上消费者的需求量非常少，企业如果想实行定制生产，就必须在管理、供应、生产和配送等各个环节上适应这种小批量、多式样、多规格和多品种的生产和销售变化。比如，戴尔公司的计算机销售，消费者可以根据自己的实际需要和能承担的价格，配置出自己最满意的产品。目前，这种允许消费者定制定价订货的尝试还处于初级阶段，消费者只能在有限的范围内进行挑选，尚不能完全要求企业满足自己的所有个性化需求。

第五节　促销策略

传统的促销是以企业为主体，通过一定的媒体或工具对顾客进行压迫式宣传，以加强顾客对公司和产品的接受度和忠诚度。网络促销是指利用现代网络技术向虚拟市场传递有关商品和服务信息，以激发需求，引起消费者的购买欲望和购买行为的各种活动。

网络促销的基本功能主要表现在以下几方面：

（1）发布功能

就是将企业产品、服务、价格等信息传递给目标公众，以引起他们的注意。

（2）说服功能

解除目标公众对产品或服务的疑惑，说服目标公众坚定购买决心。

（3）反馈功能

就是通过网络促销收集顾客的需求和意见，为企业的经营决策提供依据。

（4）引发需求

运作良好的网络促销可以创造新的需求，发展潜在客户。

（5）稳定销售

网络促销活动可以树立良好的产品形象和企业形象，达到稳定销售的目的。

传统营销的促销形式主要有 4 种：广告、销售促进、宣传推广和人员推销。网络促销的方式也有 4 种：销售促进、网络广告、站点推广和公共关系营销。

一、网络销售促进

销售促进就是运用激励工具刺激消费者对特定产品或服务进行较快或较大量的购买，主要是用来进行短期性的刺激销售。在适当的时候利用网络促销，可以达到降低促销成本、提高顾客的购物效率等作用。

网络销售促进的形式主要有以下几种：

1. 免费促销

免费促销就是无偿地为访问者提供他们感兴趣的各类产品。比如，一些网站开发商提供免费在线试用等。

2. 有奖促销

大多数消费者都喜欢得奖带来的喜悦感，通过在网上进行抽奖活动，可以产生较大的访问流量。网络市场里各式各样的消费品、旅游、证券、电信服务和机票等都经常采取竞猜、竞赛、游戏、积分抽奖等有奖促销手段。这种促销手段形式多样、促销费用低，而且可以吸引更多用户的眼球，提高用户的回头率，稳定企业的市场份额。抽奖促销也是网上经常用到的促销方法，在抽奖的时候要注意公开、公平、公正，奖品要对大家有吸引力，这样才能让更多的客户对促销活动感兴趣。

3. 折扣促销

折扣也称打折、折价，折扣促销是最常见的网络促销手段，这要求商家所销售的产品具有价格优势，或者有好的进货渠道。常见的折扣促销形式包括数量折扣、季节折扣以及批量折扣等。例如，有些购物网站规定，当顾客购物达到一定的金额后，在一定时限内再次购买商品即可享受一定折扣的优惠。目前大部分网上销售商品都有不同程度的价格折扣。

4. 赠品促销

就是客户购买产品或服务时，商家送给客户一些产品或小赠品，以此带动主产品的促销。赠品促销一般在网上应用得不是很多，通常在新产品推出试用、产品更新、对抗竞争品牌或者开辟新市场的情况下，利用赠品促销都可以起到比较好的促销效果。

5. 积分促销

与其他网上促销方式相比，积分促销要更加简单和易于操作。现在很多网站上都支持虚拟积分，客户每消费一次，商家就会给客户累计积分，积累到一定数目时，客户就可以获得相应层次的奖励，积分促销不仅能够增加上网者访问网站和参加某项活动的次数，而且能够提高上网者对网站的忠实度和活动的知名度。

6. 联合促销

如果你的网站、网店与其他商家在产品上具有互补性，可以进行联合促销。如果操作得当，联合促销可能会取得非常好的促销效果。例如，网上房地产企业和建材商联手、汽车销售平台和保险销售对接等。

二、网络营销站点推广

网络营销站点推广就是利用网络营销策略扩大站点的知名度，吸引网民访问网站，起到宣传和推广企业及产品的效果。站点推广是一个系统性的工作，它与企业营销目标是一致的。

具体来说，企业可采取以下几种方法来进行站点推广。

1. 搜索引擎注册

搜索这个词对于大家来说并不陌生，因为几乎所有会上网的人都会用到搜索这个功能。当前搜索引擎比较多，最常用到的主要有百度、Google、搜狐等，这些搜索引擎都会向用户提供注册或免费登录分类目录的功能。通过搜索引擎注册，可以迅速增加网站的访问量，扩大网站的影响力。登录分类目录、搜索引擎优化、关键词广告、网页内容定位广告以及关键词竞价排名等都是较为常见的搜索引擎推广方法。企业可以分别在各个搜索引擎注册一个账号，然后根据自己的实际情况进行选择，以让自己的网站尽可能地排在前面。

2. 网站链接

在相似网站之间实现互相推广，其中最常用的资源合作方式就是网络链接，通过这种方法缩短网页间的距离，提高站点被访问的概率。通常链接模式可以分成 4 种：一是在行业站点上申请链接，一般每个行业都会有一个或几个访问量相对较大的权威网站，在这样的网站上建立链接，可加大被点击的机会；二是友情链接，就是寻找和企业网站可以相互补充或相互承接的网站进行交换链接，注意互相交换的网站应属于统一的相关领域；三是广告交换，通过专门的广告交换组织，可以扩大链接的覆盖范围；四是有偿广告，也就是在一些访问量比较大的网站做专门的企业广告或商品广告，一般通过这种方法可以迅速提高企业网站的访问量。

3. 发送电子邮件

就是以邮件列表、新闻邮件或电子刊物等形式向用户提供一些有价值的信息，并在这些媒介上对站点进行宣传。邮件列表功能是一个企业网页必备的功能之一，所有对企业商品有兴趣的访问者或者曾经从该企业购买过商品的网民，一旦加入邮件列表，就可以定期收到来自企业的商品信息。但是在发送电子邮件的过程中要注意一个“度”字，如果发送邮件太过频繁，容易让邮件变成垃圾邮件，让受众感到反感。

4 使用传统促销媒介

传统媒体广告的作用也是不容忽视的，因为这些传统的媒介经过多年的发展，已经变成人们生活中不可缺少的一部分，所以应该善于利用电视、广播、报刊等手段，迅速在网民中确立企业网站的形象和知名度。

三、网上公共关系

网上公共关系营销就是通过借助 Internet 的交互功能吸引消费者和企业保持密切的关系，培养顾客的忠诚度，提高企业收益率。从功能上说，网络公共关系和传统公共关系非常相像，差别就是网络公共关系是将互联网、计算机通信和数字交互式媒体当作公关媒介和沟通的渠道。对于企业来说，良好的公共关系不仅可以树立良好的企业形象、向新的公众展示企业及其产品、发展与老顾客的关系、建立与社会公众的良好关系，还能化解企业公关危机。在网络上开展公共关系主要有以下几种形式：

1. 站点宣传

站点宣传也称网站宣传，其目的是通过对企业网站的宣传吸引用户访问，从而实现宣传和推广企业产品和服务的目的。企业网站是帮助企业树立形象的最佳工具之一。网络公共关系的主要任务之一是宣传企业网站，提高企业网站的知名度。

2. 网上新闻发布

在过去，企业的公关人员往往只能将发布新闻稿的希望寄托于记者，而互联网可以让企业直接向公众发布各种新闻，以较少的费用、最快的速度将新闻传播出去。网上新闻的发布主要包括以下 3 个途径：一是通过网络新闻服务线发布；二是通过相应的新闻组或邮件列表发布；三是通过企业网站发布。

3. 栏目赞助

由企业对网站的某些栏目提供赞助，访问该栏目的用户可以通过赞助页面直接进入企业的页面，以此起到扩大企业网页知名度的作用。

4. 参加或主持网上会议

网络论坛常常会举办一些专题论坛会，这样的专题论坛会经常会有很多消费者参与。企业应该多参加一些与企业有关的专题会议，并在专题会议上积极提交富有见解的发言稿，以此提高企业的知名度和形象。

四、网络广告

网络广告是一种新兴的广告模式，它依托 Internet 产生，并随着 Internet 的迅速普及而被人们所熟悉。网络广告以其价格便宜、统计准确、交流互动、跨越时空、图形生动等特点，正以迅雷不及掩耳之势进入人们生活的每个领域，展示出无尽的网上商机。网络广告作为有效、可控的促销手段，已经构成了一个非常有影响力的产业市场，所以网络广告早就变成了企业的首选促销形式。

第六节 渠道策略

一、网络营销渠道的功能

传统的渠道策略主要指在传统营销模式中，产品从研发、生产到最终到达消费者手中所经过的渠道。随着生活节奏的加快，消费者外出购物的时间越来越少，他们迫切要求快捷、方便的购物方式和服务。互联网的出现使营销信息的传播冲破了原有模式的各种阻碍，实现了企业销售渠道的网上延伸。网络营销渠道的选择是整个市场营销组合策略的重要组成部分。合理的网络营销渠道不仅可以将产品及时有效地提供给消费者，满足消费者的需求，还可以扩大销售，加速物资和资金的流转速度，降低营销费用。

因为网络营销渠道都涉及信息沟通、资金转移和物资转移等事务，因此一个完善的网上销售渠道应具备 3 大功能：订货功能、结算功能和配送功能。与这 3 大功能相对应的就是订货系统、结算系统和物流配送系统。

1. 订货系统

订货系统可以将产品信息直接呈现在消费者面前，并将消费者的需求信息传递到厂家，以实现供求平衡。一个完善的订货系统可以最大限度地减少库存、降低销售费用。通常当消费者看中某样商品后，都会将其放到购物车里，这时系统会自动统计出购物车中商品的名称、数量和金额，等消费者结算后，系统会生成一个订单，这个订单会进入企业内部的相关数据库，作为接下来产品生产、配送的依据。

2. 结算系统

消费者在购买产品后，应该有多种方式可供自己方便地进行付款，所以厂家（商家）应提供多种结算方式。目前国外流行的结算方式有信用卡、电子货币、网上划款等。而国内主要有邮局汇款、货到付款、信用卡、电子货币、网上划款等方式。

3. 物流配送系统

通常网上交易的产品可以分成有形产品和无形产品两种，无形产品直接通过网上传送即可，而有形的产品必须经过配送才能到达消费者手中。

二、网络直销

网络直销就是生产商通过网络销售渠道直接销售产品，网络直销的模式如图 3-1 所示。网络直接销售渠道一般适用于大宗商品交易和产业市场的 B2B 交易。目前通常的做法有两种：一是企业在互联网上建立自己的网站，申请域名，并制作自己的主页和销售网页，然后在网上处理有关产品的销售事务；二是企业委托信息服务商在其网站上发布信息，企业利用有关的信息与客户取得联系，直接向其销售自己的产品。

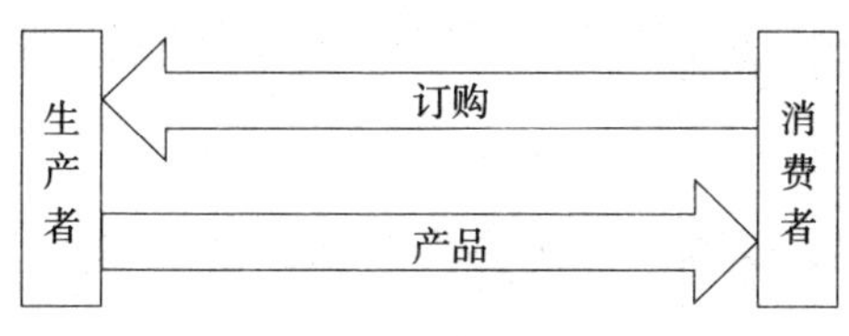

图 3-1 网络营销的直销模式

1. 网络直销的优点

越来越多的迹象表明，网络直销将会成为未来营销方式的主流，它的优点如下：

（1）生产者可以直接接触到消费者，并直接从网上搜集获得最真实的第一手市场需求信息，然后根据这些信息合理、有针对性地开展有效的营销活动。

（2）对于顾客来说，他们可以直接在网上订货、付款，非常便捷；而生产者可以直接对顾客进行售后服务和技术支持，在一定程度上可以降低生产者服务顾客的成本。

（3）生产者可以直接了解到消费者对产品购买和使用的反馈，更有助于企业提高产品质量，改善企业的经营管理模式，扩大产品的市场占有率。

2. 网络直销的缺点

网络直销虽然有种种优点，但是缺点也不能忽略。它的缺点如下：

（1）网络环境相对混乱，目前，在互联网上建立网站的企业和商家日益增加。在浩如烟海的网络世界里，一个普通的企业网站很难引起消费者的关注。那些不知名的企业站点往往会在“注意力经济”中铩羽而归，访问者寥寥无几，网站的访问量低必然导致销售业绩不佳。

（2）消费者缺乏对产品的直接感知，这不仅会让消费者感到预期与实物的偏差，还会让一些生产者用劣质产品欺骗消费者。

（3）在网络购物中，经常要用信用卡等方式进行支付，这会让一些犯罪分子有可乘之机，危害到消费者的利益。

综上所述，网络直接销售既有优点又有缺点，并不是所有企业都适合通过自己建立网站的方式进行直接销售。企业在考虑销售渠道的时候，要根据企业自身的市场优势以及产品品牌的知名度来决策。另外，还要考虑目标市场的大小、产品的特性、营销的环境以及对传统营销渠道的影响等。

三、网络间接销售

网络间接销售渠道是指运用互联网技术把商品通过中间分销商销售给消费者的营销渠道，网络间接营销的模式如图 3-2 所示。因为网络是一个虚拟市场，在进行网络直销的时候，买卖双方都会考虑对方的信誉，担心对方“拿钱不给货”或者“拿货不给钱”，从而影响交易的进行。为了克服网络直接销售的缺点，网络间接销售应运而生。目前国内有很多出名的网络交易中介商，如阿里巴巴、中国商品交易中心等，它们将成千上万个供应商和用户连在了一起。

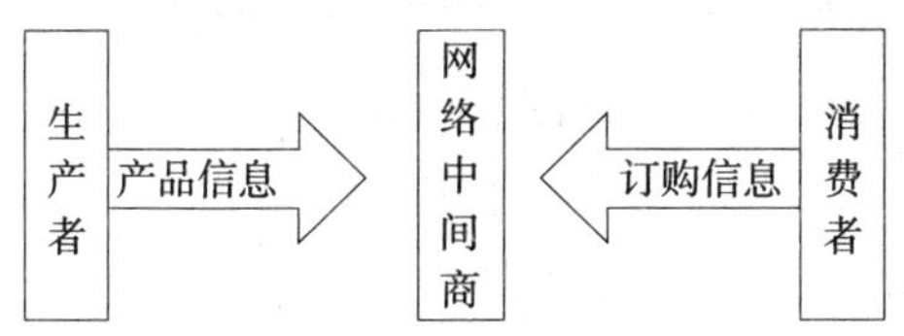

图 3-2 网络营销的间接销售模式

网络间接销售的模式主要有以下 3 种：网络代理、网络代销和网络批发。网络代理是网络供应商在自己建立的网络批发商城中展示并出售供销商的产品。网络代销是网络分销商在自己的网站中展示自己的产品，分销会员只将商品的相关信息添加到自己的网店中，如果有顾客购买产品，网络分销商会直接给顾客发货。网络批发与传统的批发一样，是由网络分销商在自己的网站上展示产品，由分销会员下订单，付款提货，然后自行出售。

1. 网络间接销售的优点

（1）可以解决“拿钱不给货”或者“拿货不给钱”的问题，大大降低了交易的风险，确保了买卖双方的利益。

（2）对于消费者来说，因为电子中间商的存在，他们在购买产品的时候，可以很快找到相关信息并进行交易；对于生产者来说，他们可以只通过一个环节就能将商品卖出去，极大地简化了网络交易过程。

（3）通常网络交易中心会采用一个集中的结算模式，对结算资金进行统一管理，大大提高了资金的风险防范能力。

2. 网络间接销售的缺点

因为发展时间较短，目前网络间接销售还存在一定的缺陷。如：参与进来的企业、商家和消费者都具有一定的局限性，相关的法律、法规还不够完善，网络环境太过复杂等。

第七节　品牌策略

所谓网络市场品牌就是生产者对自己生产的用于网上销售的产品或服务所确定的商业名称，一般都是由产品品质、商标、企业标志、广告口号以及公共关系等部分混合交织而成的，是与竞争对手的产品或服务区分开来的标志。纵观现代企业经营史，所有成功企业的生存和发展，都有至少一套令人拍案叫绝的品牌谋略。品牌是一种无形资产，优秀的品牌代表着较高的市场知名度和美誉度，是产品的一个重要组成部分，可以增加产品的价值。网络营销的重要任务之一就是挖掘自己企业的网上优势，在互联网上建立并推广企业的品牌。从一定意义上说，市场竞争就是品牌谋略的竞争，谁可以成功地运用品牌谋略，谁就可以抢占更多的市场，获取更多的财富。

一、网络品牌的作用

品牌的作用主要表现如下：

1. 品牌对企业的作用

（1）降低成本

国际上的先进咨询机构经过研究后得出结论，从现有客户处再次获取订单可以降低销售成本。

（2）增值功能

品牌作为一种无形资产，可以增加产品的价值。

（3）形成进入壁垒

低成本、高利润和产品的差异化能够为销售者建立起一个进入壁垒，以防竞争者入侵。

2. 品牌对消费者的作用

（1）简化选择的过程

互联网上汇集着海量的商品，消费者可以通过直接选择某品牌的方式简化自己选择商品的过程。

（2）降低购买风险

品牌是一种无形的质量保证，选择信誉好的品牌可以降低购买风险。

虽然品牌具有上述正面效应，但我们也不能忽视它的负面效应，它的负面效应主要表现如下：品牌成名后，会有很多不良厂商制作伪造的名牌产品，不仅会影响品牌产品的销量，还会给企业及品牌的形象造成负面影响。另外，知名品牌会受到各方面的关注，形象维护难度加大，如果维护不当，就会影响到品牌和企业的形象。

二、网络品牌的创建

网络营销产品品牌策略是一系列可以形成网络产品品牌积累的企业管理和市场营销方法，是由包括 4P 和品牌识别在内的所有要素一起构成的。主要包括以下几项内容：品牌定位、品牌名称决策、产品线扩展策略、多品牌策略、网络品牌兼并策略、新品牌策略、合作品牌策略、品牌更新、品牌的再定位决策等。

1. 品牌定位

如果企业想采用品牌策略，要做的第一件事就是品牌定位，能否成功定位是品牌策略成败的关键。在进行品牌定位的时候，要立足于细分市场，以真实的、富有特色的价值提案吸引目标客户，方能打造出一个让用户产生强烈记忆的网络品牌，当用户需要相关产品的时候，会第一时间想到这个品牌。

定位后，一定要在产品或服务本身找到品牌定位的根据，让用户在使用产品或享受服务的时候可以认同品牌的定位。例如，沃尔沃品牌定位为“最安全的车”，于是它率先为汽车装上了安全气囊，让用户了解到了产品与定位的一致性。

2. 品牌名称决策

在虚拟空间里，品牌的名称与域名担任着索引的角色，是消费者进入并了解品牌的重要“入口”。不仅有利于订单处理和产品的跟踪，避免产品的某些独特特征遭到竞争者模仿，而且可以为忠诚的顾客提供机会，有助于市场细分和树立产品形象、企业形象。因此，选择一个恰当的可以在用户心里留下深刻印象的网络品牌名称，无疑为企业的品牌战略打下了坚实的基础。在命名的时候要注意以下几个问题：

（1）名称应尽量简洁，易于记忆和使用

品牌就像人的名字一样，越简单就越容易记忆，现在那些非常著名的品牌如当当、新浪、京东等都遵循了简短且容易记忆的特点，可以在人们心里留下深刻的印象。

（2）注意与企业已有品牌名称相关

比如，“国美电器”的网站名称起名为“国美电器商城”。

（3）网络品牌名称应该有一定的意义

比如，百度的名字就取自中国古诗词“众里寻他千百度”，让人们不由得联想到它的搜索引擎功能。

（4）名称应该与众不同，独具个性

为了让人们记住某个品牌，阿里巴巴、慧聪网等都非常具有独特性。

3. 产品线扩展策略

产品线扩展就是企业现有的产品线使用同一个品牌，当该产品线又有新产品上线时，依然采用原来的品牌。通常这种新产品都是对现有产品的某一方面进行改进。如为其增加新的功能，换一种包装、式样或者风格等。

4. 多品牌策略

在传统领域中，现代企业经常采取多品牌策略来进行市场竞争。

多品牌策略就是企业建立品牌组合，这个组合中的各个品牌形象之间虽然有一定差别，却又有着一定的联系。现在，市场上消费者的需求一直在变化，企业为了适应这种变化，就必须让自己的产品和服务变得多样化，实行多品牌策略是它们的必然选择。这样做不仅可以满足发展市场的需要，有机会最大限度地覆盖市场，还可以规避风险，突出和保护企业的核心品牌。但是这样也会增大推广成本。

5. 网络品牌兼并策略

网络品牌兼并策略是 Internet 竞争激烈的产物：如果按照常规的市场扩张手段来抢占市场份额，速度会非常慢，而最快最直接的方法就是兼并其他公司，将所兼并公司的市场份额直接纳入自己的范围，并彻底消除这个竞争对手。

6. 新品牌策略

新品牌策略就是为新产品设计新品牌的策略。当一个企业新推出一个产品，企业人员觉得以前的那个品牌名并不适合这种产品，或者他们为新产品想到了更好更合适的品牌名称，企业就要设计一个新品牌。

7. 合作品牌策略

合作品牌策略是一种复合品牌策略，是两个或更多的品牌在一个产品上联合起来的策略。这是越来越激烈的市场竞争的产物，它体现了公司间的相互合作。所有品牌都期望另一个品牌能强化整体的形象或购买意愿，如“一汽大众”、“上海通用”等。

8. 品牌更新

品牌更新就是随着企业经营环境和消费者需求的不断改变，企业为了适应社会经济发展的需要，品牌的内涵和表现形式也随之发生变化。在市场中，由于各种原因，品牌经常会发生变更。一个企业如果想避免自己的品牌老化，就必须进行品牌创新。

9. 品牌的再定位决策

品牌的再定位决策就是一种品牌刚进入市场时的定位是非常正确的、成功的，但随着市场环境等因素的不断变化，企业必须对品牌进行重新定位。造成这种现象的原因可能是后来企业的竞争者推出了一种新的品牌，导致企业的市场份额下降，也可能是顾客的喜好发生了转移，或者是公司打算进军一个新的细分市场。

第四章　电子商务营销方法

第一节　搜索引擎营销

搜索引擎产生和发展的过程较短，但其概念和分类是比较明确的。一般来说，搜索引擎是指收集了因特网上集聚的网页并对网页中的每一个词（即关键词）进行索引，建立索引数据库的全文搜索引擎。根据搜索引擎工作原理的不同，可以将其分成以下 3 类：

1. 全文搜索引擎

全文搜索引擎是指从互联网上提取各个网站的信息（以网页文字为主）而建立的数据库中，检索和用户输入的关键词相匹配的相关记录，然后按一定的排列顺序将结果返回给用户。全文搜索引擎又分为定期搜索和提交网站搜索两种，它是名副其实的搜索引擎，国内最著名的全文搜索引擎是百度。

2. 目录搜索引擎

目录搜索引擎主要通过人工发现信息，并依靠人员的知识进行甄选和分类，由专业人员手工建立关键字索引，建立目录分类体系。用户在查询信息时，只需按分类目录逐层查找，搜索引擎就会在屏幕中显示出相关的网站名称、网址及内容简介等，供用户自行选择相关的网站。

3. 元搜索引擎

元搜索引擎是指在接受用户查询请求时，同时在多个引擎上进行搜索，并将结果返回给用户。它将现有的多个搜索引擎看成一个整体，为用户提供一个统一的查询页面，因此它是搜索引擎之上的搜索引擎，最具代表性的是 Infospace 等。

搜索引擎营销是一种基于搜索引擎平台的网络营销，它利用人们对搜索引擎的依赖和使用习惯，在人们检索信息的时候尽可能将营销信息传递给目标客户。目前，搜索引擎营销是最主要的网站推广手段之一，常被企业用作网站推广的工具，为网站带来潜在的客户。尤其是基于自然搜索结果的搜索引擎推广，到目前为止还是免费的，以小投入换取大的访问量，性价比非常高，而且受众广泛准确、方便快捷、可控性较强，所以这种营销方法很受中小企业的青睐。搜索引擎营销的原理是：首先，企业将信息发布到网上使其成为信息源，搜索引擎排出一个能够在网上发现新网页并抓取文件的程序，索引到自己的数据库中，用户在搜索引擎上利用关键词进行检索，搜索引擎会根据用户输入的关键词将有关的索引信息和 URL 链接呈现在搜索结果页中，最后用户只需将 URL 链接点开就可以进入信息页面了。

一、搜索引擎营销的分类

搜索引擎营销可以分成3大类：关键词广告、关键词竞价排名、搜索引擎优化。

1. 关键词广告

关键词广告，也称“关键词检索”。关键词就是用户所关注信息中的核心词汇，用户用关键词通过搜索引擎查找自己期望浏览的网页或网站。在搜索结果页面里，一般关键词都会以红色字体显示出来。例如，“手机”就是一个关键词，如图4–1所示。在进行搜索引擎营销的时候，首先要选择合适的关键词。目前的搜索引擎营销关键词有3大类：泛关键词、目标关键词、长尾关键词。

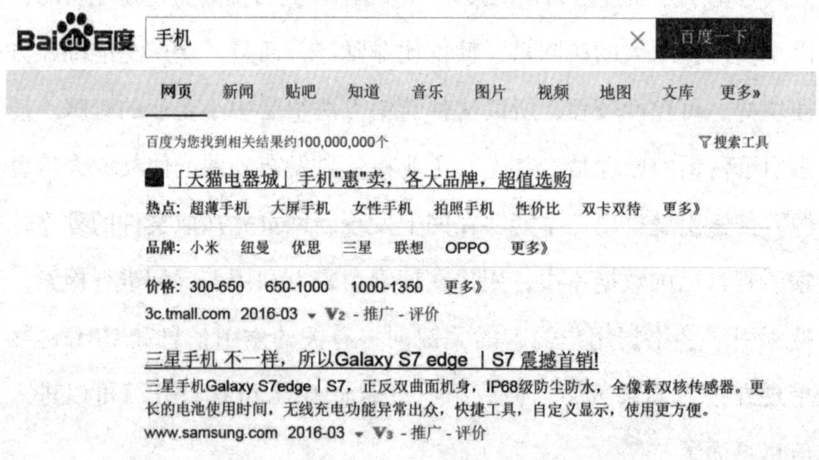

4-1 用“手机”在搜索引擎中的搜索

（1）泛关键词

泛关键词就是一个企业的行业、产品或服务的统称，通常是2~4个字，例如，电脑、辅导班、家政服务等。这样的关键词虽然搜索量大，但太过宽泛，而且很难吸引到人们的注意。

（2）目标关键词

目标关键词就是某网站的产品和服务的目标客户可能用来搜索的关键词，通常这样的关键词都是企业具体品牌、产品和服务的名称，字数大多在3~8个字之间，在选择目标关键词的时候，要从相关度、流行度和竞争度等各个方面进行综合考虑。

（3）长尾关键词

长尾关键词是公司的销售区域、产品、服务、品牌等具体名称的拓展，字数大多在5~10个字之间。长尾关键词虽然搜索量较小，搜索频率不稳定，但是它的转化率要比目标关键词高得多。常见的长尾关键词包括：什么手机好用、春天去什么地方旅游等。

企业策划营销关键词的时候，最好以长尾关键词为主，以目标关键词为辅，如此一来，就可以最小的代价获得最大的收获。

2. 关键词竞价排名

关键词竞价排名，是指通过竞争出价的方式，获得某个网站的有利排名位置。竞价排名服务，是由客户为自己的网页购买关键词排名，按点击量向搜索引擎提供商支付一定数额的费用。客户可以通过调整每次点击付费价格，控制自己在特定关键词搜索中的排名，还可以通过设定不同的关键词捕捉到不同类型的目标访问者。关键词竞价排名与关键词广告的区别在于，关键词竞价付费越高，排名越靠前，通常都是出现在搜索结果页面的左面，而关键词广告则会出现在右面。目前，全球搜索引擎市场份额主要由以下几个企业品牌分别占据，见表 4-1。

表 4-1　全球搜索引擎市场份额

搜索引擎	份额
谷歌	71%
必应	12%
雅虎	8%
百度	7%
其他	2%

目前国内使用最广泛的搜索引擎要数百度，用户只需在百度搜索栏里输入关键字，如“婚纱”，就会跳转到如图 4-2 所示的页面，而且在这些链接的后面还有“推广”的字样，这就说明这几个搜索结果被人为地提到了页面的最前面，提高了被点击的概率。

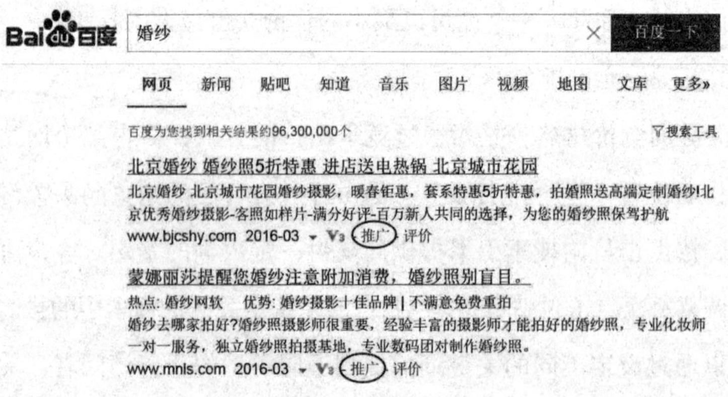

图 4-2　在搜索页面出现的百度竞价页面

3. 搜索引擎优化

搜索引擎优化（Search Engine Optimization，SEO）即通过提高网站设计质量，适应搜索引擎的计算法则，利用谷歌等技术型搜索引擎进行推广。搜索引擎优化是目前最为流行的网络营销方式之一。这一行为是为了从搜索引擎中获得更多的免费流量，以更好地展现网站形象。网站是否能够被搜索引擎收录以及排列的顺序都与网站本身的质量密切相关，所以如果想让自己企业的网站更具吸引力，就必须先对网站进行必要的搜索引擎优化设计。

搜索引擎优化分为站外 SEO 和站内 SEO 两种。

（1）站外 SEO

站外 SEO 是一种脱离站点的搜索引擎技术，命名源自外部站点对网站在搜索引擎中排名的影响，这些外部因素不受网站控制。在这里面，功能最强大的外部站点因素要数反向链接，即外部链接。如果想要拥有一个高质量的外部链接，就要注意如下几点：

①网站内容质量要高，让读者可以对网站感兴趣，从而阅读并转载网站内容。

②与合作伙伴互换链接，与行业网站进行交换链接，交换友情链接最重要的就是看对方网站与自己网站的相关度。

③分类目录。把网站提交到 DMOZ 目录、Yahoo 目录等专业的目录网站里。

④发布微博、博客创建链接。

⑤论坛发帖或签名档，在里面添加有关的网址。

（2）站内 SEO

所谓站内 SEO，就是通过对网站内部进行的调整，达到对搜索引擎友好的目的。一个网站如果想让自己的排名靠前，就要先苦练内功，SEO 这项功能非常强大，需要大胆地积累和尝试。如果想做好站内 SEO，就要从以下几方面做起：

①内容页的链接优化。就是改变原有的图像链接和 Flash 链接，使用纯文本链接，同时定义全局统一的链接位置。

②为每个网页添加合适的标题，要让潜在客户可以通过搜索引擎结果中的标题快速访问到企业的页面。

③每个页面包都包含着关键词，而且这些关键词都保持着一定的频率。

④对网站结构细节进行调整。

⑤资源应用。例如，打开百度空间，空间域名就使用公司产品的关键字。

二、搜索引擎营销的基本任务

实现搜索引擎营销，需要 5 个基本要素：信息源（网页）、搜索引擎信息索引数据库、用户的检索行为和检索结果、用户对检索结果的分析判断以及对选中检索结果的点击。如果想成功地进行搜索引擎营销，就必须完成以下 5 项基本任务：

1. 构造适合搜索引擎检索的信息源

搜索引擎收录信息源是搜索引擎营销的基础，正是因为这个原因，网站建设也是网络营销的基础，搜索引擎检索是企业网站里各种信息的基础。用户检索后还要到信息源去寻找更多的信息，所以企业不仅要站在搜索引擎友好的角度来构建信息源，而且要做到用户友好。网站优化不仅仅是搜索引擎优化，还包含对用户和网站管理维护的优化。

2. 创造网站 / 网页被搜索引擎收录的机会

网站建设完成并发布到互联网上并不意味着可以达到搜索引擎营销的目的。不管企业把网站设计得多么成功，如果网站不能被搜索引擎收录，这些网站中的信息就无法传送到用户面前，也就不能实现搜索引擎营销信息传递的最终目的。所以，创造网站 / 网页被搜索引擎收录的机会是搜索引擎营销的基本任务之一，也是搜索引擎营销的基本步骤。

3. 让网站信息出现在搜索结果中靠前的位置

网站 / 网页仅仅被搜索引擎收录还不够，还应该想办法使企业信息出现在搜索结果中比较靠前的位置，这就是搜索引擎优化的最终目的。一般搜索引擎收录的信息会非常多，当用户输入某个关键词进行检索的时候，会有很多结果被反馈出来，如果企业信息的排位比较靠后，被用户发现的机会就会大大降低，搜索引擎营销的效果就无法得到保证。

4. 以搜索结果中有限的信息获得用户关注

通过观察搜索引擎检索的结果可以知道，不是所有的检索结果都包含着丰富的信息。而用户通常不可能把检索结果中的全部信息都点击出来浏览一遍，他们需要对搜索结果进行判断，从里面选择一些相关性较强、可以吸引他们眼球的信息进行点击，并进入相应网站获得更加完整的内容。要是想做到这一点，就需要对所有搜索引擎收集信息的方式进行一番针对性的研究。

5. 为用户获取信息提供方便，促使用户转化

用户通过点击搜索结果进入网站，是搜索引擎营销产生效果的基本表现形式，而用户的进一步行动决定了搜索引擎营销能否给企业带来最终利益。在网站上，用户可能为了了解某个产品的详细介绍或者成为注册用户而进一步点击。在此阶段，搜索引擎营销和网站信息发布、顾客服务、网站流量统计分析等与网络营销工作都有非常紧密的关系，企业在让用户方便地获取信息的同时，还要尽可能地与用户建立起密切的关系，促使其成为潜在顾客，或者直接成为自己的顾客。

第二节　微博营销

微博营销就是通过微博平台为商家、个人等创造价值而执行的一种营销方式，也指商家或个人通过微博平台发现并满足用户的各类种需求的商业行为方式。因为微博营销是以微博作为销售平台进行营销，所有粉丝都是潜在的营销对象，企业每天只需更新内容就

可以和粉丝进行互动，或者通过发布一些大家可能感兴趣的话题，以此向粉丝传播企业信息和产品信息，不仅可以卖出商品，还可以提高企业形象和产品形象。

微博营销具有以下特点：

（1）成本低，发布门槛低，但效果好

微博营销消耗的人力、物力都比较小，而且后期维护简单，与传统的大众媒体相比，受众同样广泛。

（2）传播效果好，速度快，覆盖范围广

微博信息支持各种平台，包括手机、电脑与其他传统媒体。微博用户与日俱增，而且企业能够迅速地找到目标受众，针对性较强，并且微博功能强大，转发方便。

（3）针对性强

微博营销投资少、见效快，而且可以对后期维护及反馈进行利用。

（4）多媒体信息，利于阅读

微博营销注重创意，企业或营销方可以通过文字、图片、声音、视频等多种展现形式描述自己的企业或产品。

（5）开放性

微博没有什么拘束性，几乎什么话题都能探讨。

（6）互动性强

微博可以通过转发、@、评论等功能进行互动，拉近多方距离。

一、微博营销的基本步骤

1. 选择适合的微博平台注册账号

注册微博非常简单，下面以新浪微博为例。第一步，通过搜索引擎访问新浪微博的注册页面，如图 4-3 所示。然后将需要填的信息填好，点击立即注册即可。

图 4-3　新浪微博的注册页面

2. 合理规划微博主页中的相关信息

进入微博后选择“我”，然后点击“编辑资料”，对里面的个人资料、头像、爱好等选项进行修改。

3. 关注和被关注

如果想让别人看到你的微博，就要获得别人的关注。点击页面上的“广场”，进入“找朋友”页面，然后添加关注，并要求别人关注你即可。

4. 发布内容

在微博页面上有一个书写的小图标，点击这个小图标就可以发布内容。如果想获得高质量的粉丝，就必须让微博变得多姿多彩。另外还可以通过关注、转帖和评论来获得粉丝。如果有人对你的微博进行了评论或点赞等操作，我们可以通过点击页面里的“消息”按钮看到。

5. 微博的运营

要关注原创微博的撰写、热点微博的转发以及重点微博的维护，而且要及时抓取行业信息，然后有针对性地进行营销。

二、微博营销的技巧

1. 注重准确的定位

微博营销的前提一定是定位明确，这样才可能做好微博内容的话题及相关活动，微博才能实现其短小精悍的传播效果。例如，如果是玩具行业，那么就围绕一些产品目标顾客关注的相关信息来发布微博，吸引目标顾客的关注，而非只是考虑吸引眼球，导致吸引来的都不是潜在消费群体。在定位明确后，微博整体运营必须做到专注，也就是要做精、做专企业或品牌的深度、高度。

2. 注重价值的传递

企业博客经营者首先要改变观念——明确企业微博的“索取”与“给予”之分，企业微博是一个给予平台。微博需要对有价值、有深度的信息进行分享，在互动中实现企业的营销推广。企业只有认清了这个关系，才可能从企业微博中受益。

3. 注重微博个性化

完善的微博体系包括微博用户名、模板和产品内容等，都要做到简洁，便于网络用户记忆。微博的特点是“关系”、“互动”，因此，虽然是企业微博，但也切忌仅是一个官方发布消息的窗口那种冷冰冰的模式。微博的信息内容尽量多样化，最好每篇文字都带有图片、视频等多媒体信息，而且要有个性。这样的微博具有很高的黏性，可以持续积累粉丝与专注，因为此时的微博具有不可替代性与独特的魅力。

4. 注重发布的连续性

微博 140 个字的传播长度决定了其信息传播速度和频率超越了其他信息传达形式。微博就像一本随时更新的电子杂志，要注重定时、定量、定向发布内容，让大家养成观看的习惯。微博信息定期更新非常重要，保持好更新的频率和质量才可以达到微博的可持续营销推广的效果。但注意不可以每天更新太多，这会让他人认为你的微博没事就刷屏。

5. 注重加强互动性

互动和分享是微博的核心所在，维护粉丝、与粉丝互动、积极分享微博内容是增强微博粉丝黏度的重要方式。拥有一群不说话的粉丝是很危险的，因为他们慢慢会变成不看你微博的粉丝，最后可能会离开。为了增强互动性，要多对别人的微博进行转发和评论，主动去搜索行业相关话题，主动与用户互动，定期举办有奖活动，为粉丝提供免费的奖品鼓励，不仅可以让粉丝迅速增长，还能增加其忠诚度。

6. 注重系统性布局

任何一个营销活动，如果没有系统性，就很难取得成功。微博营销看起来很简单，对大多企业来说效果也很有限，所以很多企业都将其当作可有可无的营销方式。如果企业想让微博发挥更大的效果，就必须将其纳入整体营销规划中，如此一来，微博才可能产生非常大的价值。

7. 企业微博专业化

企业微博准确定位很重要，但是专业更重要。微博不是企业的装饰品，如果不能达到专业化效果，还不如没有企业微博。因为粉丝一旦发现关于这个企业的负面信息或不良用户体验，很容易迅速传开，从而对企业造成负面影响。

8. 注重内容的有效性

微博传播的速度非常快，微博给企业造成的影响可能是正面的，也可能是负面的。所以，企业必须有效地管控企业微博这把双刃剑。

9. 注重方法与技巧

很多人把微博定位为短信，将微博写得就像随笔、家常一样。企业微博切忌这样玩，因为建企业微博的目的是给企业创造价值。如果想让企业微博变得有声有色，需要讲究一些方法与技巧。

10. 注重模式创新

虽然微博营销没有太长的历史，但有些企业在这方面已经做得非常好了，特别是美国的一些企业已经获得了很大的成效。企业应该参考一下这些企业的成功经验，然后结合企业自身的特点与客观环境进行创新。

三、微博的写作技巧

微博具有短小却不随性的特点，它的被转发暗含着一定的规律，下面是微博写作的 10 个小技巧：

1. 浓缩是精华

微博是一个利用碎片时间进行传播的媒体，粉丝们大多不会将太多的时间用在浏览微博上，所以微博内容要尽量做到精练。有很多高度精练的微博转发量非常高，简单的一句话背后可以给广大用户留下广阔的讨论空间。

2. 语言风格要“接地气”

微博语言一定要和草根文化血脉相通，写作微博的人要牢牢地掌握“屌丝”、“吐槽”、“高富帅”等微博热词的运用，不要动不动就说一些官话、套话。官话、套话一来粉丝不喜欢，二来粉丝要花很长时间才能读懂，而大部分粉丝都不会花那么长时间去探究你想表达什么意思。

3. 情感要真挚

通常最能打动人的就是最真挚的情感，所以写微博的时候一定要情感真挚，微博要可以感动人，但只有蕴含着真挚情感的微博才能打动自己、打动别人。

4. 要有娱乐精神

简单来说就是要有趣，微博是个娱乐平台，微博营销人员也要有娱乐精神。多发一些有趣、有特色的更新，会得到更多的转载，并提高企业微博的关注度。在微博上，遭遇质疑和攻击是经常见到的事情，这时候切忌攻击和谩骂，而应怀着宽阔的胸怀和娱乐精神化解别人对自己的质疑。

5. 要善于用微博讲故事

故事永远要比直白的陈述更具吸引力，而在 140 字以内将一个故事完整地讲出来，同时“抖包袱”就更有难度。高明的人会用 140 个字讲出一个跌宕起伏的故事，把悬念和笑料留到最后，但无须点破，在读完微博以后还应给大家留一点想象和讨论的空间。

6 抓住热点

巧妙地运用“# 热门话题 #”的作用，积极参与到这些热门话题的讨论中去。在微博上，几乎每天都会涌现出各种热点话题和各种微博体。热点容易引起粉丝们的围观和讨论，如果企业能抓住热点，就能有效地提高自己的曝光度和关注度。要将热点与自己的产品、品牌相结合，但忌讳一些敏感热点和政治话题。

7. 多用疑问句

做微博营销，关键不是展示自己比粉丝更懂什么，而是要引起粉丝关注，并进行思考。微博不是展示文采的地方，而是发起话题讨论的地方。所以要多用疑问句，将自己变成一个讨论平台，给网友提供一个讨论的空间，激发网友的转发和讨论。

8. 善用图片

这是一个读图的时代，有的时候一张图片胜过千言万语。当然，图片也不能滥用，微博还是应该体现文字之美。

9. 善用长微博

当内容确实很多又无法进行精练的时候，要学会使用长微博，它可以帮助我们突破 140 字的限制。通过长微博、图片微博等工具，用户可以在微博页面里看到微博的全部内容，提高微博的传播效率。

10. 学会利用微博用户创造的内容

个人的创造力是有限的，而成千上万网友的创造力却是无穷的。因此写作微博的人要学会利用微博用户创造的内容，特别是一些关于用户使用企业产品的内容。这样的内容很容易让网友对企业或产品感到好奇或产生好感，从而产生购买的欲望。

第三节　微信营销

微信是一种即时通信工具，是腾讯公司于 2011 年 1 月 21 日推出的手机端免费应用程序，它可以通过网络发送免费文字、图片和语音短信。微信不存在距离的限制，用户注册微信后，可与周围同样注册微信的朋友形成一种联系。而微信营销是网络经济时代企业营销模式的一种，是伴随微信的火热而兴起的一种网络营销模式，包括微信平台基础内容搭设、微官网开发、营销功能扩展等各方面的内容。在微信营销中，商家通过给用户提供需要的信息来推广自己的产品，而用户则通过订阅所需信息的方式找到自己想要购买的产品。

微信营销具有以下特点：

（1）到达率高

营销效果如何在很大程度上取决于信息的到达率，这是一切营销工具都会关注的地方。微信公众号群发的信息都会百分之百地被传送到终端手机，所以到达率非常高。

（2）曝光率高

曝光率是衡量信息发布效果的另一项指标。微信具有信息提醒功能，可以提醒未阅读信息，信息直达客户手机，让用户可以百分百地看到信息，所以微信公众账号的关注度高、曝光率高。

（3）高接受率

目前，微信用户已超过6亿，成为国内主流的信息接收工具。而且微信的粉丝都是通过主动订阅而来的，不会有抵触的情况存在。

（4）高精准度

那些粉丝数量庞大而且用户群体高度集中的垂直行业微信，是真正炙手可热的营销资源和推广渠道。

（5）高便利性

移动终端极为便利，这就导致了微信营销的高效性。

一、微信营销的基本模式

1. 查看附近的人

“查看附近的人”是微信基于位置的功能插件，用户点击“开始查看”后，可以根据自己的地理位置查找到周围的微信用户。企业可以将相应的促销信息利用微信“查看附近的人”和“向附近的人打招呼”等功能推送给附近用户，使更多陌生人看到这种强制性广告。企业可以选择在人流量最大的地方运行微信，只要周围有人在使用“查看附近的人”功能，就能达到向其推送广告的目的，如图 4–4 所示。

图 4–4 微信“查看附近的人”页面

2. 漂流瓶

漂流瓶原来是 QQ 邮箱的一个社交插件，移植到微信上后，其功能基本保留了原有风格。漂流瓶有两个简单的功能：扔和捞。“扔一个”，即用户可以选择发布语音或者文字然后投入大海中；“捞一个”，“捞”大海中其他用户投放的漂流瓶，“捞”到后也可以与对方开始对话，但每个用户每天只有 20 次机会。微信官方可以对漂流瓶的参数进行更改，让合作商家推广的活动在某一时间里可以“抛”出更多漂流瓶，这样一来，普通用户“捞”到该商家漂流瓶的频率也会随之增加。

“漂流瓶”可以发送不同的文字内容，或者一些小游戏，如果营销得当，可以产生很好的营销效果。但是如果仅仅用它传递广告语，很容易引起用户反感。图 4–5 所示为微信漂流瓶界面。

图 4–5 微信漂流瓶界面

3. 二维码扫一扫

二维条形码是指用某种特定的几何图形按照某些规律在平面（二维方向）上分布的黑白相间的记录数据符号信息的图形，在代码编制上巧妙地通过形成计算机内部逻辑基础的“0”和“1”（比特流）的概念，以几个与二进制相对应的几何形体来代表文字数值信息，并通过图像的输入设备或者光电扫描设备自动识读，从而实现信息自动处理。二维码发展至今，其商业用途越来越多，所以微信也就顺应潮流，结合 O2O 展开商业活动。企业可以自己设定品牌的二维码，用折扣和优惠来吸引用户关注，开拓 O2O 营销模式。

下面将以微信 5.0 为例来讲解二维码扫一扫的操作过程，首先在手机上登录微信，然后选择“发现”、“二维码扫描”，把手机摄像头对准二维码图片，两三秒以后，系统就会自动识别、加载对方微信的基本资料，然后就可以将对方加为好友。图 4–6 为一个微信二维码的名片。

图 4-6 微信二维码名片

4. 微信公众平台

微信公众号是微信的一个功能模块，个人和企业都可以打造一个微信公众号，并实现和特定群体的文字、图片、语音的全方位沟通、互动。微信公众平台，真正是无门槛应用，所有用户都可以绑定私人账号并进行群发信息。对于大众化媒体、明星以及企业而言，如果说微信开放平台加朋友圈的社交分享功能的开放已经使微信成为移动互联网上不可忽视的营销渠道，那么微信公众平台的上线，使这种营销渠道更加细化和直接。微信公众平台通过认证后，可以有二维码订阅、消息发送、品牌传播等独具特色的功能，这是企业进行营销推广的有效手段。2013 年 8 月 5 日，微信公众平台升级，被分成了两种类型：订阅号和服务号。通过服务号，企业和组织可以享有业务服务和用户管理的能力，可以实现及时、贴心服务的微信公众平台，但是每天只能发送一条群发消息，用户将即时收到提醒消息。订阅号可以让媒体和个人享有一种信息传递方式，构建和读者之间的沟通与管理模式，企业和组织每天只能发送一条群发消息，订阅号将被放入订阅号文件夹里。图 4–7 和图 4–8 分别是微信公众服务号和微信订阅号界面。

图 4–7 微信公众服务号界面

图 4–8 微信订阅号界面

5. 微信开店

微信开店是由商户申请获得微信支付权限并开设微信店铺的平台。微信开店的门槛非常低，个人只要申请一个微支付功能，然后开一个店铺，就可轻松地在朋友圈中开展营销。截至 2013 年底，公众号如果想申请微信支付权限，只需满足两个条件：第一，账号必须是服务号；第二，要申请微信认证，以获得微信高级接口权限。一旦满足上述条件，商家不仅可以直接装修自己的店铺，上传商品信息，而且可以通过自主分发链接的方式与社交结合进行引流与交易。

6. 朋友圈

微信朋友圈指的是微信上的一个社交功能，用户可以通过朋友圈发表文字和图片，或将文章或音乐分享到朋友圈。朋友圈营销可以说是微博营销的翻版，因为微信朋友圈的分享和转载效果丝毫不比微博弱。从2012年4月19日腾讯公司发布微信版本4.0到2015年1月25日朋友圈广告上线，朋友圈的功能始终在不断增加。目前，朋友圈中的广告主要有以下几种：

（1）由官方推送的广告，现在这种广告面向的主要是早期入驻的年预算最低为1000万的品牌玩家，并未向所有广告主开放。

（2）在微信里开有微店的商家和个人，他们可以在朋友圈里发布自己的产品广告信息。

（3）直接在朋友圈里出售产品的个人广告和一些商家推出的朋友圈分享的信息或者积攒广告。

二、微信公众号营销的基本步骤

因为微信营销的种类有很多，而且大多比较简单，所以这里仅以微信公众号营销的基本步骤为代表进行说明。

1. 注册微信公众平台

不同于QQ用户可以直接登录微信个人账号，微信公众平台需要另行注册。注册公众号前首先要有一个微信号，然后即可在搜索引擎中输入“微信公众平台”，进入官网开始注册，如图4-9所示。一般注册微信公众平台需要7个工作日的审批时间。

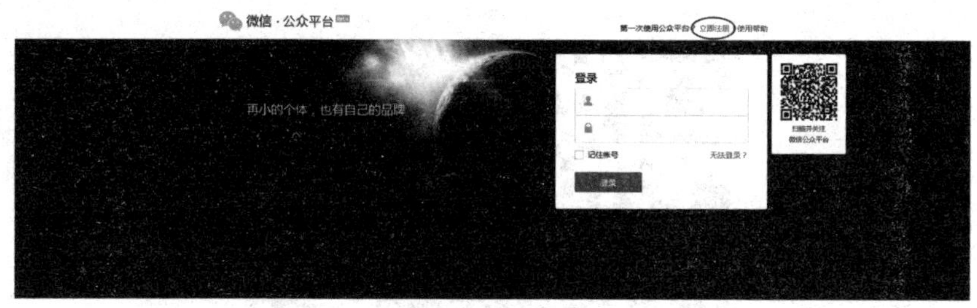

图 4-9 微信公众平台的注册界面

2. 填写基本信息

点击注册后需要填写邮箱、密码等基本信息。“公众号名称”是在注册时填写的，不能修改，但可以和别人的重复。“微信号”注册完成后，会生成一个初始账号，这个账号可以修改，但只能修改一次。填完信息后点击“注册”，系统会自动发送邮件，前往邮箱进行认证即可，认证后会跳转回登录页面。

做完以上工作后，可以在设置页面对公众号的头像进行更换，大小以不变形、可以正常辨认为准。“头像”一共有两种方式，圆形头像与方形头像，它们并没多大的区别。上传方形头像后，头像会显示在“二维码”中间，如图 4-10 所示。然后要在微信用户信息栏填写店铺的相关信息，当用户扫描二维码时就会显示企业的名片信息。

图 4-10 微信企业的二维码名片

3. 进入群发信息入口，编辑群发信息内容

群发信息可以进行消息的群发，它的功能相对比较强大，可以自由选择群发对象。系统默认的是选择所有的用户，但是因为顾及到信息过载问题，企业可以只把信息转发给某一个分组的用户。发送的内容可以是文字、音频、图片或视频，基本包含了所有格式的信息。在这里，业主可以查看自己早前发送的信息。微信公众平台规定，每个用户每天只能发送一条信息，以免商家无休止的群发广告对用户造成骚扰，所以在发送时，请认真编辑你的内容。微信的群发消息页面如图 4-11 所示。

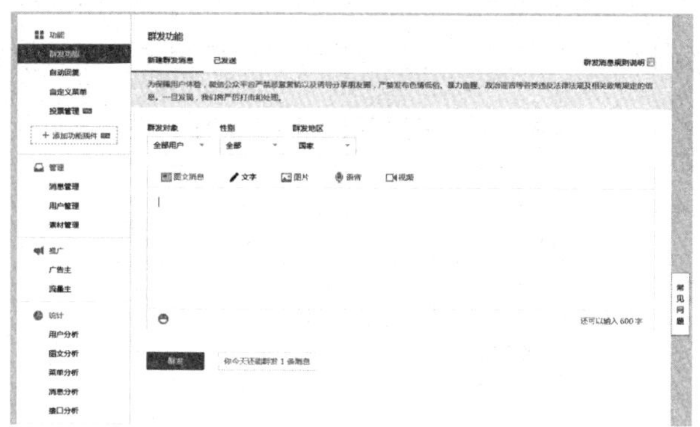

图 4-11　微信的群发消息页面

4. 编辑实时消息内容

电脑登录微信公众平台后，用鼠标单击页面上的实时消息，就可以与用户进行互动。在“实时消息”界面，把鼠标移到一条消息上边时，就会出现三个按钮，分别是编辑、标星和快捷回复。微信的实时消息页面如图 4–12 所示。

图 4-12　微信的实时消息页面

如果用户想发送信息，微信可以自动识别，并且发送出快捷回复内容。快捷回复只可以发送文字信息，如果想要发送多媒体信息，点击用户名或者头像就可以弹出如图 4–13 的窗口：

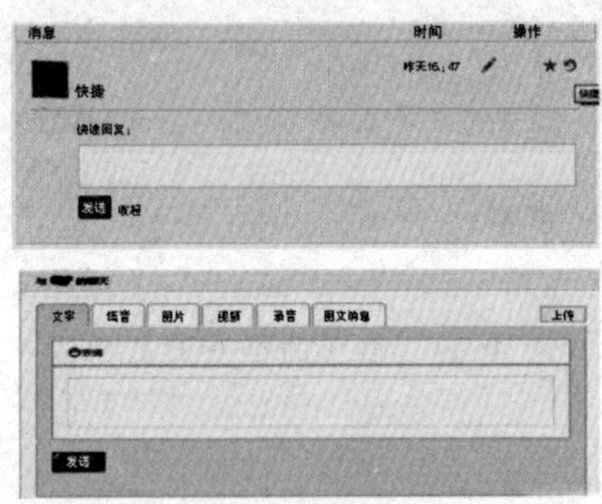

图 4–13　微信公众号快捷回复内容编辑窗口

5. 设置公众号助手

群发信息不仅可以使用 web 端，而且可以使用公众号助手，如图 4–14 所示。只需选择设置“公众号助手”与私人微信号绑定，然后在绑定的微信号里将 mphelper 加为好友，即可向 mphelper 发送信息，效果和用 web 端群发消息相同，而且和 web 端共用每天仅能发送一条群发信息的数量。

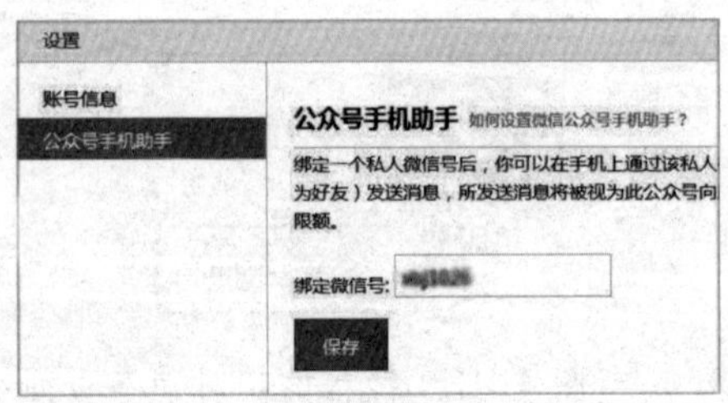

图 4–14　微信公众号助手

6. 设置智能回复

在回复设置中，有“自动回复”一项，如图 4–15 所示。只要用户将我们加为好友，系统就会自动将信息发送过去。不仅可以发送文字，还可以发送语音、图片、视频、录音。但要注意的是，信息的形式只能是一种，如果你先保存好一段文字信息，但又保存了图片信息，那么文字信息就会被自动删除，而且永远不能找回来了。

图 4–15　微信公众平台自动回复

如果想使用语音、图片或视频，必须事先在素材管理中添加好内容，而且只能从素材管理中选择内容，不能临时添加。

用户消息回复和自定义回复都是智能回复系统，一旦设置好，就能够进行系统和客户间的自动沟通。在“自定义回复”里，如果事先定义好规则，只要接收到的文字里包含某些关键词，就会将事先准备的文字发送过去。如果设置的是“用户消息回复”，一旦接收到不包含“自定义回复”设置好的关键词，就会将“用户消息回复”中的消息发送过去。

7. 素材管理

除了文字信息，其余的全部信息都必须上传到素材管理保存之后才能向用户推送，如图 4–16 所示。

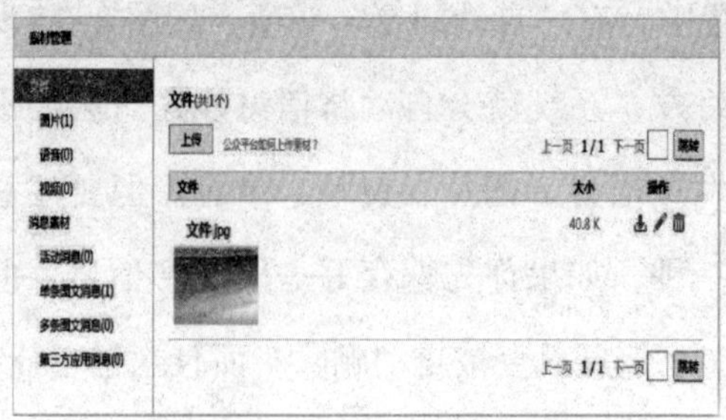

图 4–16　微信公众平台素材管理

在图文消息里，不仅能插入消息摘要和图片，还能附带链接，接收者只要点击超链接，就可以直接访问相应的页面。

8. 微信号和公众号之间的互动

如果你用自己的微信号关注你建的公众号，就可以进行互动。

9. 公众号内容分析

将公众号内容发到微信号，然后在微信号朋友圈内对该内容进行分析。

三、微信经营诀窍

1. 专业的微信营销团队

如果想获得好的营销效果，就要有专人来负责微信。如果只是想起来的时候才发一条微信，推广传播效果会非常有限。

2. 独创微信营销内容

微信内容要和自己的企业产品或服务相关，要有自己的特色，这样才能吸引消费者的注意力，才能取得好的营销效果。

3. 内容要与消费者的需求相符

如果想吸引消费者的注意力，引起他们的兴趣，就必须编出符合消费者需求的消息。要用内容引导消费者关注并转发。

4. 微信营销的核心是互动

实行微信营销，一定要经常和客户进行沟通、联系，要关心自己的客户，知道客户的感受。要制造出属于企业自己的标题和内容信息，以此打动客户。

5. 做好用户分级

对客户进行分级，一步步地对用户进行优化，可以用新客户进行炒作，用粉丝圈来传播，但要注意，必须对老客户进行维护。

6. 定向传播

请业内专业人士或意见领袖帮自己转发文章，这样可以对他们的粉丝产生极大的影响，这样的效果会超出你的想象。

7. 增强账号黏性

为了取悦粉丝，管理微信的人要做到以下几点：

（1）设立一个容易记忆的微信公众账号。

（2）发布的内容符合需求。

（3）合理划分客户组别。

（4）和粉丝频繁互动。这样不仅能增加粉丝量，还能让粉丝对企业公众账号产生依赖感。

综上所述，微信运营的诀窍就是注重客户，结合自己的实际情况，以销售为目的，尽可能地引导客户去为你做推广和营销，从而提高企业公众号的人气。

第四节　网络广告营销

网络广告就是在网络上做的广告，它是以数字代码为载体，采用先进的电子多媒体技术设计制作，交互功能良好的广告形式。其本质是向互联网用户传递营销信息的一种手段，是对用户注意力资源的合理利用。近年来，互联网迅速发展，网络广告也爆炸性增长，现在已成为现代企业拓展市场不可或缺的工具和手段。与传统的四大传播媒体（报纸、杂志、电视、广播）广告和近几年非常受关注的户外广告相比，网络广告具有得天独厚的优势，它是实施现代营销媒体战略的重要组成部分。它具有以下特点：

（1）没有时间、空间限制

不管何时何地，用户都可以通过互联网看到网络广告。

（2）表现手段丰富多样、感官性更强

网络广告基本上都是以图、文、声、像的多感官、多媒体形式传达信息的，能让顾客身临其境地感受商品和服务。

（3）广告投放准确、针对性强

例如，可以在一些适合儿童观看的视频前插入玩具广告，在适合家庭主妇观看的视频前插入洗涤用品广告等。

（4）网络广告成本低廉

和传统媒体广告相比，网络广告价格低、效果较好，尤其适合中小企业。

（5）非强迫性

网络广告具有类似报纸分类广告的性质，让受众自由查询，受众既可以只看标题，也可以从头浏览到尾。

（6）网络广告能进行完善的统计

广告主可以通过技术工具对网络广告的浏览量、商品的购买量、用户来源等进行轻松的跟踪和统计，并做出评估。

一、网络广告的类型

随着网络信息技术的发展，用户对网络的应用越来越多样化，网络广告的形式也越来越多，常见的网络广告形式有以下几种：

1. 网幅广告

网幅广告是以 GIF、JPG、Flash 等格式建立的图像文件，定位在网页中大多用来表现广告内容。网幅广告是最早的网络广告形式，一般放置在广告商的页面上，以限定尺度的图片形式展现商家的广告内容。网幅广告和其他新兴广告形式相比，效力正在慢慢降低，点击率也在持续下降。目前，网幅广告的平均点击率甚至低于 1%。网幅广告一般占据的空间不大，所以条幅上展示的内容有限。为了让更多的浏览者注意到并点击网幅广告，工作人员一般都会利用多种多样的艺术形式对其进行处理，如做成动画跳动效果或做成霓虹灯闪烁效果等，如图 4-17 所示。

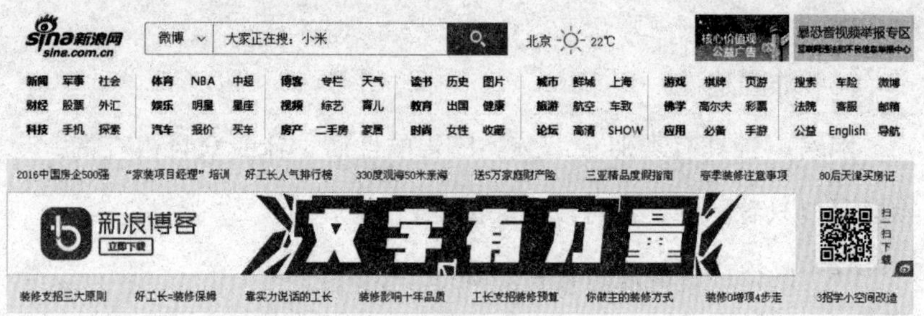

图 4-17 网幅广告

2. 文字链接广告

文字链接广告是以文字为载体所做的广告，在文字中加入超链接，只要点击链接就可以进入相应的广告页面，如图 4-18 所示。这种广告形式对浏览者干扰最少，不易让浏览者感到反感，而且非常有效。但缺点是有时不太容易吸引浏览者的眼球。

体育 NBA 体育视频 奥运 中超 欧冠 女排

- 24个关键词致敬科比之双绝杀
- 大方!细数科比本季给谁送过鞋
- 数据流|最后2周骑士的3大问题
- ESPN:骑士若不夺冠勒夫必走
- LIVE 正在直播火箭vs骑士 10:30直播奇才vs勇士
- 《曼走》预告片纪录科比另一面 奥奎因模仿哈登
- 深陷流言爱神无奈自嘲 勇士老板支持水花参加奥运
- 数据流|威少比大0还猛？ 基德让字母哥彻底转型控卫
- 保罗自曝不会出战里约奥运 小哥万里看球却遇主队被虐
- 不长心!奥多姆又开始饮酒 死亡威胁!保罗遇恶意骚扰
- 尤因讽刺詹皇:不会和乔丹抱团 波神晒偶像签名球衣
- 高清-科比0001赛季回顾 沙克与奥巴马切磋 爵士湖人
- NBA智能预测:周二高效10中8 命中鹈鹕2.79高赔

图 4-18 文字链接广告

3. 弹出式广告

有时网站会在浏览者打开网页时强制弹出一个广告页面或广告窗口，吸引人们去点击它。点击这个窗口后会引导网民去浏览一个新的网页。弹出式广告的尺寸多样，有小窗口的也有全屏的，并且互动程度也有所不同，可以是静态的也可以是动态的，如图 4–19 所示。

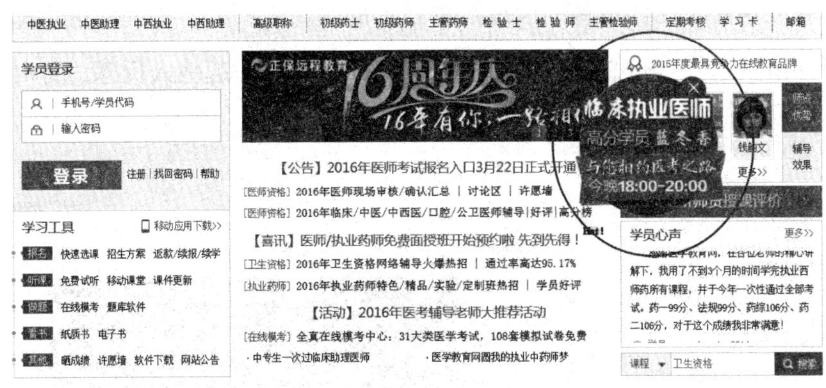

图 4–19 弹出式广告

4. 悬浮广告

悬浮广告是在网站页面左右两侧的竖式广告，有的还可以随着鼠标上下移动。这种广告吸引力较强，干扰性较小。显示的时候会随着页面浏览而移动，提供可关闭标志，如图 4–20 所示。

图 4–20 悬浮广告

5. 电子邮件广告

电子邮件广告就是利用E-mail发布广告信息，如图4-21所示。电子邮件广告的优点是针对性强、费用低廉、广告内容不受限制等。但它也有很多缺点，如容易被人当成垃圾邮件直接被系统屏蔽或者被接收者拉黑。邮件广告通常都采用文本格式或html格式。广告主可以建立自己的邮件列表或购买别人的邮件组广告，定期向这个邮件组发送广告信息。但要注意，邮件广告容易引起他人反感，有时广告效果反而是负面的。

图4-21 电子邮件广告

6. 画中画广告

画中画广告是常用的广告形式之一，也是最有效的广告投放形式之一。它一般出现在产品新闻或热点内容的页面上，紧密地与新闻或信息结合，使访客在浏览自己感兴趣内容的同时去体会广告的含义，接受广告的信息。画中画广告通常篇幅较大，视觉冲击范围较大，有较大吸引力，可以添加动态和声音效果，点击率较高，如图 4–22 所示。

换帅后4-0胜马尔代夫 出线并不乐观

2016年3月24日，春暖花开之际，国足在新帅高洪波的带领下再度起航，对于国足来说，这场与马尔代夫的比赛拿三分不是目的，争取尽可能多的进球才是王道。开赛第2分钟姜宁头球取得梦幻开局，开场12分钟杨旭进球国足取得2-0领先，但随后国足屡次浪费破门良机，陷入长达70分钟的得分荒，直到最后10分钟里姜宁发威完成帽子戏法，最终帮助国足4-0战胜对手。但对于渴望净胜球的国足来说，4个进球显然不太够，这也让很多人并不看好国足能够最后出线。

生死战2-0胜卡塔尔 天助国足奇迹出线

3月29日，国足迎来与卡塔尔的生死战，高洪波进行变阵，并没有让杨旭或是郜林首发，而是派出了让武磊顶在最前面的无锋战术，国足球员面对非全主力出战的卡塔尔全场占

图 4–22 画中画广告

7. 关键词广告

关键词广告（adwords）也叫作“关键词检索”，简单地说就是当用户利用某一关键词进行检索，在检索结果页面会出现与该关键词相关的广告内容，如图 4–23 所示。因为关键词广告是在用户检索特定的关键词时才会出现在搜索结果页面的显著位置，所以它具有非常强的针对性，被视为性价比较高的网络推广方式。

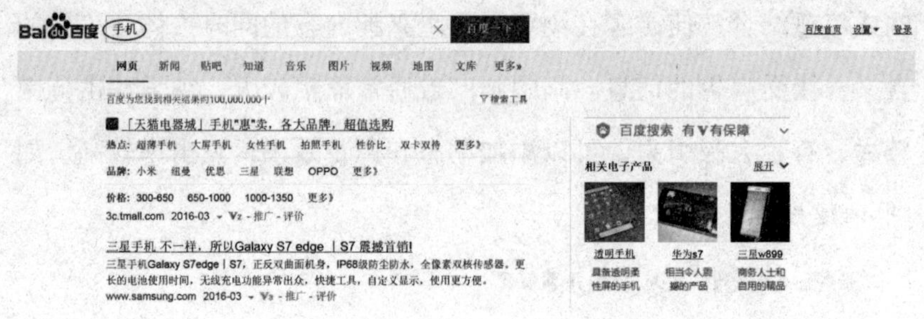

图 4-23 关键词广告

8. 视频广告

随着网络技术的发展以及网速的提高，在线观看视频已经成为网络应用的一个重要内容，与此同时，在视频中插播广告变成了各大网站盈利的重要手段，如图 4-24 所示。视频广告就是将广告客户提供的电视广告转成网络格式，实现在线播放，这是目前比较流行的一种广告形式。网络广告可以分成传统视频广告和移动视频广告两类，视频广告发展潜力非常大。

图 4-24 视频广告

二、网络广告营销的基本步骤

网络广告营销的基本步骤和传统广告的基本步骤有很多相似之处，但作为一种新的广告媒介，它又有自身的特点。具体包括网络广告的目标定位、网络广告的投放对象、网络广告的写作、网络广告的媒体选择、网络广告预算、网络广告投放时间的选择、网络广告传播效果评估等。

1. 网络广告的目标定位

与传统广告目标一样，网络广告目标定位对广告活动具有指导作用，是整个广告活动的预期目的。网络广告目标的作用是通过信息沟通使消费者产生对品牌的认识、情感、态度和行为的变化，从而实现企业的营销目标。网络广告的目的主要有品牌广告、新产品上市告知、商品促销、网站推广、市场调查等。在制订网络广告计划的时候，要根据不同的广告目标选择不同的广告策略。例如，如果是品牌广告，就要通过网络广告提高品牌形象，建立品牌或企业在广告对象心目中的知名度和认可度。如果是新产品上市告知，广告就要围绕新产品进行，旨在宣传这种产品，让这种产品在广告对象心里留下印象。

2. 网络广告的投放对象

对网络广告投放对象进行定位，就是确定网络广告的受众人群，也就是网络广告需要让哪些人来看，确定他们是哪个群体、哪个阶层、哪个区域。网络广告面向的受众是网民，但不是全部网民，网民这一群体里的亚群体又有着不同的生活方式和消费形态，他们的上网习惯、兴趣和对广告的接受程度都不一样。所以，企业在进行网络营销的时候必须先进行定位，找到适合企业推广信息的用户。网络广告的对象除了网民，还有间接的广告对象，因此，在策划中不应该将广告对象局限在网民中，应多挖掘潜在用户。

3. 网络广告的写作

确定了目标对象和投放对象，就要开始进行网络广告的写作。网络广告旨在吸引消费者眼球，一段具有创意的广告形式将给受众留下极为深刻的印象。网络广告制作者要根据网络广告的总体目标和目标受众情况，在全面和综合分析的基础上进行网络广告的创意设计及策略的选择，在网络广告的写作过程中要注意以下几点：

（1）要有创造性

创造性的内含是创新，创新就是特殊的、非同凡响的东西，这样的东西才会吸引人，给广告受众留下深刻的印象。一般网络广告创意主要围绕网络营销整体计划、产品定位、网络市场竞争、目标受众的利益展开。

（2）简单的广告表现形式

艺术与设计的美往往是简洁的。广告力求简洁明快，以免真正的广告主题被繁杂的修饰淹没。

（3）利益诱惑

抓住消费者注重自身利益的心理特点，注重宣传该网络广告活动给浏览者带来的好处，吸引浏览者参与活动。

（4）思想性

广告应该具有丰富的思想内涵和深厚的文化底蕴，以触及并震撼其灵魂。

（5）建立品牌形象

广告不仅是推销产品，同时也是建立品牌形象的一种方式，企业可以利用树立品牌的方式让用户对产品产生信心和认同。

4. 网络广告的媒体选择

之所以将媒体选择单独列出来，是因为网络媒体和其他的传统媒体有很大的差别。选择合适的网络媒体，用尽可能少的投入获得尽可能大的效果。网络上有很多信息服务商，但这些网络服务商在资金、技术、市场、速度等方面有很大的差异，所以，进行网络广告营销要慎重地选择网络服务商。

网络广告可选择的投放媒体主要有企业自身网站、综合门户网站、搜索引擎网站以及垂直、专业网站等。在选择的时候要根据网站的费用、流量、信誉度、竞争以及目标受众等内容，确定最适合企业广告发布的媒体。

5. 制定网络广告预算

在确定网络广告的目标定位、网络广告的投放对象、网络广告的写作、网络广告的媒体选择之后就要对网络广告有个预算。广告的预算是根据广告所要达到的目标来确定的，是广告主为广告活动投入的所有费用开支计划，直接关系到广告活动的成败。在实践中，常用的收费模式主要有以下几种：

（1）CPM

就是按照载有广告图形的页面在计算机上显示1000次为基础进行收费，这是最科学的收费方法，已成为网络广告的惯例。在网络广告中，CPM 取决于“印象”尺度，通常理解为一个人的眼睛在一段固定时间内注视一个广告的次数。例如，一个广告主购买了 100 个 CPM，那就意味着他所投放的广告可以被播映 100000 次。由于 Internet 上的网站可以精确地统计其广告页面的访问次数，因此，按访问人次收费是一种比较科学的方法。至于每 CPM 的收费标准，要根据人们浏览主页的程度划分价格等级，采取固定费率。国际惯例是每 CPM 收费从 5 美元到 200 美元不等。每千人成本的计算公式为：

每千人成本 = 广告购买成本 / 含有广告页面的访问人次 ×1000

（2）CPC

就是以广告图形被点击并链接到相关网址或载有详细内容的网页 1000 次为基准进行收费。例如，广告主购买了 10 个 CPC，这就意味着其投放的广告可被点击 10000 次。CPC 也是一种很常见的定价形式，这种定价形式加上点击率限制，可以增强作弊的难度，而且是宣传网站站点的最优方式。尽管 CPC 收费模式比 CPM 高得多，但广告主更喜欢选择 CPC 的收费方式，因为这种方式可以更好地反映受众对广告内容感兴趣的实际情况，可以更好地反映广告效益。

（3）CPA

就是按每发生一次广告点击行动进行计价的收费模式。对于网站而言，CPA 的计价方式有一定的风险，但若广告投放成功，其收益将比 CPM 的计价方式大得多。这是广告主为规避广告费用风险而采用的收费模式。

（4）包时计费方式

是指按照一月或一周多少钱的固定收费模式来收费。

6. 网络广告投放时间的选择

在网络广告营销中，网络广告投放时间的选择是一个非常重要的方面，这里所说的网络广告投放时间，既包括网络广告时限、频率、时序，也包括具体的发布时间。其中，时限是指广告从开始到结束共进行多长时间，也就是企业的广告要进行多长时间，这是广告稳定性与新颖性的综合反映。频率就是网络广告在一定时间内要播放多少次，网络广告的频率大多用在电子邮件的广告形式上。时序就是各种广告形式在投放顺序上的安排。而发布时间包括三种策略，即提前、即时、滞后，分别是投放网络广告在产品进入市场之前、投放网络广告和产品上市同时进行、投放网络广告在产品进入市场之后。

7. 网络广告传播效果评估

广告主在投入了人力、物力发布广告之后，要进一步了解广告的效果，这是衡量广告活动是否成功的标尺。网络广告效果是指网络广告通过 Internet 发布之后所产生的影响和作用，或者说目标受众对广告宣传的结果性反映。目前测定和评估网络广告传播效果主要侧重于 4 个方面：

（1）点击率指标

网民点击网络广告的次数称为点击次数，点击次数除以网络广告被显示次数的结果就是点击率。它一直都是网络广告最直接、最有说服力的评估指标之一。但是越来越多的人发现并不是所有的点击都有效果，也不是所有的不点击都无效，所以点击率已经无法充分地反映网络广告的真正效果。然而点击广告者极有可能是非常具有潜在价值的客户，如果能够准确地找出这些客户，并对他们开展有效的定向广告和推广活动，就能对业务的开展产生很大的帮助。

（2）业绩增长率指标

对于一些直销型电子商务网站来说，网上销售额的增长情况是评估企业网络广告最直观的指标，因为网站服务器端的跟踪程序能知道买主从哪个网站进入的购买页面、购买的是什么产品、买了多少产品等情况，并以此对广告的效果进行最直观的体会和评估。

（3）回复率指标

回复包括在网络广告发布的时间内和之后一段时间里客户表单提交量，公司电子邮件数量的增加率，收到询问产品情况或要求提供资料的电话、信件、传真等的增长情况，这样的回复率都可以当作辅助性指标来评估网络广告的效果，但是要注意它应该是客户看到网络广告后进行的回复。

（4）转化率

“转化”被定义为受网络广告影响而形成的购买、注册或者信息需求。有的时候，顾客虽然没有点击广告，但依然会受到网络广告影响，进而购买该商品。

第五节 病毒性营销

病毒性营销并不是真的以传播病毒的方式开展营销，而是通过用户的口碑宣传，使信息像“病毒”一样传播和扩散，利用快速复制的方式传向广大受众。这是一种极为常见的营销方法，经常用于进行网站推广、品牌推广等。这是用户之间自发进行的传播，所以企业几乎不用支付任何费用。正因为它迅速且廉价，自 hotmail.com 率先使用该模式以来，病毒性营销已为越来越多的企业网站所采用。病毒性营销往往会通过提供免费产品和服务的方式在发出的信息下面附加一个信息或网址，让享受免费产品或服务的人们在免费享受这种产品或服务的同时可以看到底部的信息，从而起到营销效果。病毒性营销有以下几个特点：

（1）有吸引力的病原体

如果一个企业想传播自己的信息，就必须为之付费。而病毒性营销利用了目标消费者的参与热情，虽然企业还是要为自己的产品或服务买单，但是却将本来由商家承担的广告成本转嫁到了目标消费者身上，所以对于企业来说，病毒性营销是非常廉价的。

（2）几何倍数的传播速度

大众媒体发布广告的营销方式是“一点对多点”，这样的方式不能确定广告信息是不是真的传到了目标消费者手中。而病毒性营销是“多点对多点”，例如，目标消费者看到一个有趣的贺卡，就会自发地将它转发给自己的亲人、朋友、同事，这无数的“转发大军”就让病毒性营销有了几何倍数的传播速度。

（3）极高的接受率

和大众媒体投放的广告相比，病毒性营销的广告不会让目标消费者产生抵触心理。因为那些可爱的“病毒”都是目标受众从熟悉的人那里收到的，在接收时都抱着一种积极的心态，所以接受率非常高。

（4）更新速度快

通常网络产品都有自己的生命周期，而病毒性营销的传播通常都是开始时很慢，当扩大到受众的一半的时候传播速度加快，当其接近最大饱和点的时候又会慢下来。如果想达到最佳的营销效果，企业必须设法让受众对信息产生免疫力之前，使传播力转化成购买力。

一、病毒性营销的要素

如果想使病毒性营销取得成功，就要有一个简单、有效的营销策略。以下是病毒性营销的6项基本要素，一个病毒性营销并不一定要同时具备全部要素，但是它包含的要素越多，就越可能取得好的效果。

1. 提供有价值的产品或服务

在互联网上，最能吸引人眼球的就是“免费”二字。大部分病毒性营销都会通过提供免费的产品或服务来取得目标消费者的关注，如免费邮箱、免费图片、免费软件等。

2. 通过别人毫不费力的传播

病毒只有在易于传染的情况下才会传播，所以携带信息的媒体必须具备易于传播的特征，如电子邮件、软件下载等。所以，网站只有简化营销信息，才能让它既易于传播又不会变质。

3. 信息传递过程很容易从小向大扩散

为了让营销信息像野火一样扩散，传播方法必须从小到大迅速扩散。Hotmail 模式的软肋在于免费电子邮件需要邮件服务器传递消息。如果想使这种战略取得成功，就必须增加邮件服务器，不然会阻碍需求的迅速增加。

4. 利用公众的积极性和行为

明智的病毒性营销需要调动起公众的积极性和行为。从网络营销的角度看，只有建立在公众积极性和行为基础之上的网络营销战略才能获得最后的成功。

5. 利用现有沟通网络

大多数人都是社会性的。科学证实，每个人都有一个由 8~10 人构成的密切关系网，网络之中可能是亲人、朋友或同事。一个更广的关系网里可能有数十人、数百人甚至数千人。网络营销人员只有学会将自己的信息放在人们现有的通信网络里，才能迅速将信息扩散出去。

6. 利用他人的资源

最有创造力的病毒性营销会利用别人的资源达到自己目的。例如，会员制计划，在别人的网站上添加自己的文本或图片链接。让别人的网页成为你的信使，利用别人的资源达到自己的目的。

二、病毒性营销的基本步骤

1. 整体规划

在病毒性营销活动之前，需要对方案进行整体规划，要先确认传播的信息和服务是不是对用户有价值，该信息是不是容易被用户自行传播，病毒性营销方案是不是与病毒性营销的基本思想相符。

2. 具有独特创意

通过互联网开展营销活动，用户经常是只认第一，不认第二。所以，为了确保病毒性营销活动的结果，需要精心地设计一个病毒性营销的方案，不管企业是提供某种服务，还是提供某种信息都应该做到这一点。最有效的病毒性营销通常都具有独创性，这样的计划才能最有价值，那些跟风型的计划虽然也能取得一定成效，但没有一定的创新，就不能吸引用户。所以，一般来说，独具创意的病毒性营销才可以引起用户的注意。在方案设计的时候，尤其要注意把信息传播和营销目的相结合。假如只是想给用户带来娱乐价值、实用功能或者优惠服务，却未达到营销的目的，病毒性营销计划就失去了它本身营销的目的。相反，如果广告气息太过浓厚，可能会让用户反感，进而影响到信息的传播。

3. 设计信息源和信息传播渠道

虽然病毒性营销信息是网友自发传播的，但这些信息源和传递渠道都要经过企业的精心设计。例如，一个企业想要发布一个节日祝福的 Flash，就要先精心设计一个 Flash，让这个 Flash 具有吸引力，并且要让人们自愿传播。但是，只做到这一点还不够，还要考虑这些信息的传递渠道，这些信息是在哪个网站下载，还是在用户之间进行文件的直接传递，或是将这两种方法进行结合，这些都要对信息源进行相应的配置。

4. 发布和推广原始信息

大范围信息传播都是从比较小的范围里开始的。在实施病毒性营销方法的时候，如果想实现快速传播，就要认真筹划对原始信息的发布工作。一旦确认了原始信息，就要找一些容易被用户发现，而且用户想要对这些信息进行传播的领域，如一些非常活跃的网络社区等。如果有必要，企业还应该主动在比较大的范围内传播这些信息，等到有很多人自愿传播这些信息以后，再让其自然传播。

5. 跟踪和管理营销效果

当准备好病毒性营销的营销方案，并开始实施之后，就要对病毒性营销的最终效果进行跟踪和管理，虽然这些信息都不是企业可以控制的，但是依然不能放弃跟踪和管理。

对于企业来说，对病毒性营销的效果分析是极为重要的一环。一方面可以让企业及时获得营销信息传播所引起的反应，例如，网站访问量的增长情况等；另一方面还可以从反馈的营销效果中发现实施的病毒性营销计划可能存在的某些问题，并以此设计可能的改进思路；另外，积累的素材还能为下一次开展病毒性营销活动制定方案提供必要的参考资料。

第六节　电子邮件营销

电子邮件（电子邮件）是一种利用计算机网络交换电子媒体信件的通信方式，是互联网应用最广泛的服务。通过电子邮件系统，用户可以非常低廉的价格（不管发送到哪里都只需负担网费）和非常快捷的方式（几秒钟之内可以发送到世界上任何指定的目的地）与世界上任何一个角落的用户联系。

所谓电子邮件营销就是在用户事先许可的前提下，通过邮件的方式向目标用户传递有价值信息的一种网络营销手段。在欧美国家，电子邮件营销已经非常成熟，而且应用非常广泛，而国内则稍显落后，人们经常误认为电子邮件营销就是给用户发送“垃圾”信息。一个成功的电子邮件营销必须包含三个要素：用户许可、通过电子邮件传递信息和信息对用户有价值。三个因素缺少任何一个，都不能称为有效的电子邮件营销。和其他营销方式相比，电子邮件营销具有以下特点：

（1）传播范围广

随着 Internet 的迅猛发展，网上信息交流已经可以在全世界畅通无阻。到 2013 年，中国的上网总人数已经达到 5.91 亿，而全球网民总数更是超过了 27 亿。只要企业拥有足够多的电子邮件地址，就可以迅速在世界范围内传递信息。

（2）发送速度快

与传统邮件相比，电子邮件最大的优势就是速度快。使用专业邮件群发软件，单机可以实现每天数百万封电子邮件的发送。

（3）成本低廉

电子邮件营销是一种低成本的营销方式，所有的费用支出就是上网费，成本比传统的广告形式要低得多。因此，很多公司都纷纷转向电子邮件营销。

（4）信息多样化

在电子邮件营销中，信息的形式可以是文字、图片，也可以是视频、软件等，适合各行各业。

（5）针对性强

电子邮件本身具有定向性，可以针对某一特殊人群发送邮件，这就使营销目标变得明确，提高了效率。

一、电子邮件营销的基本形式

电子邮件营销是一个广义的概念，既包括企业自行建立邮件列表开展的电子邮件营销活动，也包括通过专业服务商投放电子邮件广告。按照电子邮件地址资源所有权的不同，电子邮件营销常用的方式可以分为内部列表和外部列表两种。其中内部列表是目标顾客资源掌握在自己手中，只要建立起来就拥有了一种无形的财富。而外部列表就是企业利用专业服务商或者其他可以提供专业服务的机构提供的电子邮件营销业务，企业不拥有用户的电子邮件地址。这两种方式在内容、方法、功能、投入等方面都有很大的差别，两者的具体比较见表 4-2。

表 4-2　内部列表和外部列表电子邮件营销的比较

	内部列表电子邮件营销	外部列表电子邮件营销
主要功能	在线调查、资源合作、品牌形象、产品（服务）推销、顾客关系、顾客服务	品牌形象、产品（服务）推销，在线调研
投入费用	比较固定。投入的费用与发送邮件的数量无关，而是取决于日常经营和维护的花费，用户量越多，平均费用越低	不固定。投入的费用由邮件发送的数量和定位程度决定，发送的邮件越多，费用越高
用户信任度	用户自发加入，对邮件内容的信任度相对较高	因为邮件是由第三方发送，所以服务商的信用、企业品牌、邮件内容等因素直接影响着用户对邮件内容的信任程度
用户定位度	高	由服务商邮件列表的质量决定
获得新用户的能力	用户较为固定，获得新用户的能力较低	可以向新领域的用户进行推广，获得新用户的能力较强
用户资源规模	需要慢慢地积累，通常内部列表用户数量较少，不能在很短的时间里给数量庞大的用户发送信息	如果预算许可，可以同时将信息传送给大量的用户，信息传播的覆盖面非常广泛
邮件列表维护和内容设计	需要有专门的人进行操作，但不能得到专业人士的指导、建议	由服务商的专业人员负责，可以对邮件的内容以及发送对象等提供一定的指导、建议
电子邮件营销效果分析	因为这是一个长期的营销活动，所以很难准确地评价每次电子邮件营销获得了多大的效果，需要进行长时间的跟踪、分析	有专业的服务商提供分析报告，每次营销活动的效果一目了然

二、电子邮件营销的基本步骤

为了将信息发送到目标用户电子邮箱，应该明确向哪些用户发送信息，发送什么信息以及如何发送信息，开展电子邮件营销通常要包括5个步骤：

（1）制订电子邮件营销计划，计划中要包括宣传的产品、想达到一个什么样的效果等。然后分析目前所拥有的电子邮件营销资源，如果公司本身拥有用户的电子邮件地址资源，首先应利用内部资源。

（2）根据有效计划分析所拥有的电子邮件营销资源，包括内部列表和可利用外部列表，如果选择外部列表，就要选择一个合适的外部列表服务商。

（3）设计一封引人注目的电子邮件，这封邮件要富有创意，要包含与产品或服务有关的信息，还要有退订功能。

（4）根据计划向潜在用户发送电子邮件信息。

（5）跟踪营销效果，并对营销活动的效果进行总结。

在电子邮件营销中，内部列表和外部列表的营销过程也有一定的差异，如下所示：

（1）确定电子邮件营销的目的

内部列表要在网站规划的时候确定电子邮件营销的目的，包括邮件列表类型、目标用户、功能等。而外部列表则要在策划的时候确定营销的目的和期望的目标，每次进行电子邮件营销的目的、内容、形式和规模都可能不一样。

（2）建设或选择一个合适的邮件列表技术平台

内部列表要在建设网站的时候建好邮件列表的主要功能，或者在必要的时候给网站增加邮件列表的功能，或者选择第三方的邮件列表发行。外部列表则不需要自己的邮件发行系统。

（3）获取电子邮件地址资源

内部列表要通过各种各样的推广手段吸引尽可能多的用户加入列表，邮件列表用户是自己的无形资产，发送邮件不用支付费用。外部列表不需要企业自己建立用户资源，而是通过选择恰当的电子邮件服务商，在服务商的用户资源中筛选出自己需要的用户，通常每发送一次邮件都要向服务商支付费用。

（4）电子邮件营销的内容设计

内部列表需要在总方针的指导下设计每一期邮件的内容。而外部列表需要根据每次电子邮件营销活动的需要制作邮件内容，也可以委托给专业服务商制作。

（5）邮件的发送

内部列表需要通过自己的发送系统根据拟定的邮件列表发行周期准时发送邮件，也可以选择第三方发行系统发送。外部列表则要根据服务协议发送邮件。

（6）电子邮件营销效果的跟踪和评价

内部列表要自行跟踪分析电子邮件营销的效果。而外部列表则是由服务商提供专门的分析报告，既可以在邮件发出后进行在线查询，也可以在一次营销活动结束后统一由服务商提供追踪报告。

三、电子邮件营销的注意事项

企业如果想成功地进行电子邮件营销，充分地发挥它应有的作用，就要注意以下几个问题：

1. 进行许可的电子邮件营销

许可的电子邮件营销就是要满足得到用户许可这个要素。主要方法就是以邮件列表、新闻邮件、电子刊物等形式将携带着一定商业广告的有价值的邮件发送给用户。

2. 不要滥发邮件

不要盲目地将邮件发送给用户，否则可能导致投入和产出的严重失衡。因此，在发送邮件前，要尽量缩小潜在客户的范围，范围缩得越小，效果越好。

3. 邮件内容要吸引人

邮件要吸引人，要让潜在用户有打开邮件的欲望，最好将邮件设计得富有创意，这样可以提高潜在用户的转化率。

4. 发送频率不要太高

有人认为发送频率越高，收件人对邮件的印象就越深，其实不然。如果邮件发送得太过频繁，会让人感到厌烦，甚至会被列入“黑名单”。这样一来，不仅这次电子邮件营销会以失败告终，还会让你永远失去一位潜在用户。

5. 要及时回复

如果有客户回应，一定要及时回复，如果没有做到及时回复，可能就会失去这个潜在客户。

第五章 电子商务营销的支持服务

第一节 电子支付

一、认识电子支付

传统支付是指利用如现金流转、票据转让以及银行转账等物理实体的流转来实现款项支付的方式。随着Internet的发展，电子支付开始流传开来。电子支付指单位、个人直接或授权他人通过电子终端发出指令，实现货币支付与资金转移的行为。电子支付是电子商务活动中最核心和最关键的环节，是交易双方实现各自交易目的的重要一步，也是电子商务得以进行的基础条件。

1. 电子支付的发展阶段

电子支付的发展共经历了以下几个基本阶段：

（1）银行之间

利用计算机处理银行之间的业务，办理结算。

（2）银行与机构之间

银行计算机与其他机构计算机之间的结算，如代发工资等。

（3）自动柜员机

用户在自动柜员机上存款或取款。

（4）销售终端

利用销售终端向客户提供自动扣款服务。

（5）网上支付

这是基于互联网的电子支付，它将销售终端服务与互联网整合在一起，实现了随时随地通过互联网进行直接的转账结算，形成了电子商务支付平台。

2. 电子支付的特征

和传统的支付方式相比，电子支付有如下特征：

（1）电子支付是以计算机技术和互联网技术为基础，进行存储、支付和流通的支付手段。

（2）电子支付具有方便、快捷、高效、经济的特点，用户只要有一台可以上网的计算机，足不出户就可以完成交易的全部过程。

（3）电子支付的工作环境基于一个开放性的平台，而传统的支付方式则是在一个比较封闭的系统里进行。

（4）电子支付可以广泛应用于生产、交换、分配和消费领域。

二、电子支付的形式

电子货币是指用一定金额的现金或存款从发行者处兑换获得代

表相同金额的数据，通过使用某些电子化方法将该数据直接转移给支付对象，从而偿还债务。电子货币主要包括银行卡、电子现金和电子支票等，是现代高度发达的商业经济、日益进步的银行转账清算和计算机网络技术三方面结合的有机产物，是货币支付手段不断进步的标志。它的出现彻底改变了传统银行手工记账、手工算账、邮寄凭证等操作方式，是货币史上的一大变革。电子货币的形式有很多种，最主要的是银行卡、电子现金和电子支票 3 种，这些货币各自都有其特点和运作模式，适用于不同的交易模式。

1. 银行卡

银行卡由银行发行，包括信用卡、借记卡等，是银行提供电子支付服务的一种手段，其中发行最多的就是信用卡，如图 5-1 所示。

5-1　信用卡

信用卡是主要的网上支付工具，是全世界最早使用的电子货币，已经有 80 多年的历史。信用卡的功能主要有购物消费、转账结算、信用借款、汇兑储蓄等。信用卡可以广泛地用在商场、饭店等众多场所，而且支付方式多样，最常见的是刷卡记账、POS 结账等。

当用户在银行开立一个信用卡账户后，就可以马上获得一张信用卡。为了识别持卡人信用卡账户，每张信用卡都有一个信用卡卡号。和现金相比，信用卡具有以下优点：

①携带方便，不易损坏。通常信用卡都是用塑料做成的，小巧轻薄、方便携带，而且不易损坏。而普通的现金大多都是用纸做成的，非常容易污损。另外，如果需要的金额比较大，现金携带不便。

②安全性好。每一张信用卡都有账户和密码，如果不小心丢失后可以挂失，不会造成财产损失。而普通现金一旦丢失，就很难找回了。

③可以进行电子购物。信用卡可以用于电话支付或网络支付，这一点是普通现金所不具备的。

当然，使用信用卡也有一些弊端，最大的弊端就是信用卡的安全问题。使用信用卡的人最担心的莫过于信用卡的安全，他们担心密码泄露后会造成信用卡被盗用，而且这种担心是非常有必要的。实际上，信用卡被盗用的情况经常出现，这都是安全措施不够导致的。如果想让信用卡继续发展下去，就必须先保证它的安全性。

和其他银行卡相比，信用卡最大的特点在于，它既是一种支付工具，又是一种信用工具。也就是说，信用卡可以透支消费，这给用户带来了很多方便，但随之而来的却是恶意透支的问题。

借记卡也是一种使用广泛的支付工具，在我国，很多人都选择使用借记卡。现在我国许多银行都支持用借记卡进行网上支付，借记卡是我国现阶段人们进行电子支付最主要的工具之一。人们只需在银行办理相关的业务，就可以用借记卡进行网上支付。借记卡和信用卡的区别在于，借记卡的模式是“先存款，后消费”，不能透支。

除了信用卡、借记卡，常见的银行卡还有灵通卡、专用卡等，它们都是用来进行电子支付的卡，只是在某些业务范围上存在一些差异。

2. 电子现金

电子现金又被称为数字现金，是一种以数字形式流通的货币，是电子化的现金。因此，电子现金同时具有现金和电子化的优点。电子现金是一种可以用匿名的方式直接完成支付的工具，可以让持有电子现金的人进行直接支付，不需要银行的参与。这样的方式可以有效减少处理成本，在小额支付的过程里具有一定优势。

电子现金支付系统支持“预先付款”，它的特点在于不需要直接对应任何账户，持有电子现金的人只需事先预付资金，就可以得到相应货币值的电子现金，将其用于网上支付，所以，电子现金可以进行离线操作。

和纸币相似，电子现金也可以存、取、转让，它具有防伪性、可鉴别性。

电子现金具有以下优点：

①匿名。电子现金在结算的当事人之间会进行脱线的分散处理，所以资金的流向不需要第三者管理和把握，完全可以实现对电子现金用户的匿名性保护。如果买方使用了一个很复杂的匿名系统，甚至连卖方也不知道买方的身份。这同样也是纸币现金的优点。

②不可跟踪性。电子现金不能用于跟踪持有者的信息，不可跟踪性可以保证交易的保密性，也就维护了交易双方的隐私权。银行和商家无法跟踪电子现金的使用，就无法与电子现金用户的购买行为联系到一起，以确保隐藏电子现金用户的购买历史。因为没有正式的业务记录，连银行也无法分析和识别资金流向。如果电子现金丢失了，会同纸币现金一样无法追回。

③节省交易费用。为了货币的流通，普通银行需要设置很多分支机构、职员、自动付款机及各种交易系统，这都增加了银行进行资金处理的费用。而电子现金利用的是已有的因特网网络和用户的计算机，所以消耗比较小，尤其是小额交易更加合算。电子现金的应用推进了货币电子化的发展趋势，方便了消费者网上购物。

④节省传输费用。普通现金是实物形式，传输费用较高，而且随着金额的变大，货币会变得很多，大额现金的保管和移动是相当困难和昂贵的。而电子现金流动没有国界，在同一国家里流通电子现金的费用和与海外的商家流通的费用是一样的，大大节省了传输费用。

⑤持有风险小。普通现金存在被抢劫的风险，所以必须安置在特定的安全地点（如地下金库），而且在存放和运输过程中都要由保安人员看守。保管普通现金的数量越大，所承担的风险越大，在安全保卫方面的投资也就越大。

⑥支付灵活方便。信用卡支付仅限于被授权的商店，而电子现金支付却没有这层限制，所以电子现金的使用范围比信用卡更广。

⑦防伪造。高性能彩色复印技术和伪造技术的发展使伪造普通

现金变得更容易了，但并不会影响到电子现金。

由电子现金所带来的诸多好处可以看出，使用电子现金可以扩大商业机会，增多因特网上的经济活动。电子现金按照存储方式的不同，可以分为 2 种：预付卡型和纯电子系统的电子现金。

（1）预付卡

预付卡是一种需要硬件（专用读写设备）支持并将其作为核心的电子现金支付系统。预付卡和我们常见的电话卡有些相似，不同之处在于它们的流动性。它把货币金额数值存储在智能卡里，当从卡里支出货币或向卡内存入货币的时候，智能卡里的余额会发生相应的变化。预付卡在许多商家的 POS 机上都可受理，常用于小额现金的支付。除了与银行账户进行资金转移，预付卡的所有资金转移操作都不需要银行的参与，这保证了它的分散匿名性、离线操作性。这种电子现金的用途非常广泛，而且便于携带，有信息存储、安全密码锁等多种功能，安全可靠。

常见的预付卡包括公交卡、校园卡等，如图 5–2 所示。

图 5–2　公交卡

（2）纯电子系统的电子现金

纯电子系统的电子现金并没有一个明确的物理形式，它只以用户数字号码的形式存在，主要用于交易双方为交易异地，并且通过网络进行电子支付的场合。支付行为主要表现为将电子现金从付款方扣除，然后传输给收款方。在传输的过程里，都有加密保证，除了真正的付款方，没人能动这笔现金。

3. 电子支票

电子支票（Electronic Check）是一种借鉴了纸质支票转移支付的优点，利用加密数字传递将钱款从一个账户转移到另一个账户的电子付款形式。这种电子支票的支付是在与商户及银行相连的网络上以密码的方式传递的，大多使用关键字加密签名或以个人身份证号（PIN）代替手写签名。电子支票系统是在 20 世纪 60 年代开始使用的，通过用电子支票代替纸面支票，最大限度地开发了现有银行系统的潜力。电子支票是一种完全电子化的支票形式，主要用在大额资金的支付中。

电子支票系统种类繁多。例如：可以通过银行的自动取款机网络系统进行普通费用的收支；可以通过跨省市的电子汇兑或清算实现全国范围里的资金传输或者大额资金在海外银行之间的资金传输；按月交电话费等。

电子支票系统中一共有 3 个实体——购买方、销售方和金融中介。当购买方与销售方完成一笔交易后，销售方会要求购买方付款。购买方会通过金融中介得到一个唯一凭证（作用等同于一张支票），这个电子形式的付款证明就代表着购买方应该支付给金融中介的钱。

购买方购买产品的时候会将这个付款证明交给销售方，再由销售方转交给金融中介。这个事务处理过程和传统的支票查证过程有很多相似之处。但它作为电子方式，它的付款证明是一个由金融中介给出证明的电子流。最要紧的是，付款证明的传输和账户的负债、信用差不多都是在同一时间发生的。如果购买方和销售方使用的不是同一家金融中介，就要运用金融中介之间的标准化票据交换系统，一般这是由国家中央银行（国内贸易）或者国际金融机构（国际事务）一起控制的。

电子支票具有以下优点：

①发行电子支票的时候不用填写、邮寄或发送任何东西，而且处理的时候非常节省时间。使用传统支票的话，卖方必须把全部支票都存进开户银行。而如果使用的是电子支票，卖方可以立刻让银行把钱入账。

②减少了支票被退回的频率，电子支票的设计方式和银行本票相似，商家接收之前会先得到客户开户银行的认证。

③客户使用电子支票进行支付的时候，不用担心丢失或被偷，因为一旦发现电子支票被盗，就可以通知支付者暂停支付。

④不用对电子支票进行安全存储，仅对客户的私钥进行安全存储即可。

⑤电子支票的工作方式和传统支票一样，所以比较容易理解、接受。

⑥电子支票可以支持并推动 EDI 基础上的电子订货和支付。

现在，电子支票系统通常都是专用网络系统，国际金融机构会通过自己专门的网络、设备、软件和一套完整的用户识别、标准报文、数据验证等非常标准的协议完成数据传输的全过程。这个系统以后会慢慢过渡到公共互联网络上。电子支票的所有处理过程都需要经过银行系统，银行系统则有义务列出所有经过它处理的业务的细节。所以，电子支票最大的弊端就是隐私问题。

三、网上银行

网上银行又叫作网络银行、在线银行，是随着 Internet 的发展出现的重要的电子商务服务平台。它可以在任何地点、任何时间，以任何方式为客户提供全方位的金融服务。它实现了银行与商户之间安全、方便、友好、实时的连接，可以说是互联网上的虚拟银行柜台。

1. 网上银行的特点

与传统银行相比，网上银行有以下几个特点：

（1）没有分支机构

传统的银行如果想发展金融业务、开拓海外市场，就必须开设分支机构。而网上银行因为是通过互联网开展银行业务，所以可以将金融业务和市场延伸到世界的每个角落，甚至吸纳海外客户。

（2）开放性

ATM 机等传统的电子银行都只能在银行的封闭系统中进行，而网上银行用 web 服务器取代了传统银行的建筑物，它是终端机和互联网虚拟化的电子空间。

（3）智能化

传统银行大多借助于物质资本，很多员工用自己的辛勤工作为客户服务。而网上银行借助的是智能资本，仅仅需要很少的人为客户服务，效果却更好、更快。

（4）运营成本低

在众多银行服务手段里，网上银行的运营成本是最低的。

2. 网上银行的功能

通常，网上银行的功能包括 3 个方面：银行业务项目、商务服务和信息发布。

（1）银行业务项目

银行业务项目主要包括 7 个方面：个人银行业务服务、信用卡业务、对公业务、各种支付、国际业务、信贷和特色服务。

①个人银行业务服务主要是网上开户、账户余额查询、交易明细查询、利息查询、电子转账等服务。

②信用卡业务主要是网上申办信用卡、查询信用卡账单、进行信用卡授权等。

③对公业务主要是查看账户余额以及历史业务情况，进行账户

之间的转账、发放职员工资等服务。

④各种支付主要是指进行电子现金支付、电子支票支付等服务。

⑤国际业务主要是指网上流通资金的汇入、汇出。

⑥信贷就是个人或企业在网上查询贷款利率或者申请贷款等业务。

⑦不同的银行提供的特色服务也不尽相同，常见的有提供免费下载金融管理软件的服务等。

（2）商务服务

商务服务包括投资理财、资本市场、政府服务等功能。银行通过网上服务可以更好地体现客户第一的理念。

（3）信息发布

信息发布的功能主要包括利率、汇率、国际金融信息、证券行情以及银行信息等。现在网上银行主要可以实现信用卡业务、个人银行服务以及对公业务等。

四、第三方支付

第三方支付就是一些具有一定实力和信誉保障的既非买方又非卖方的第三方独立机构提供的交易支持平台。在通过第三方交易平台进行的交易中，买方选定商品后，会通过第三方交易平台进行货款支付，然后由第三方通知卖家货款到达、发货。买方收到商品，并检查无异后，就可以通知第三方将款项转至卖家账户。

1. 第三方支付的优势

在缺乏有效信用体系的网络交易活动里，网上银行支付方式无法对买卖双方进行约束和监督，支付方式较为单一，在交易的全部过程中货物质量、交易诚信以及退换要求等问题不能得到可靠保证，而且经常出现交易欺诈等问题。第三方支付模式的出现在某些程度上克服了这些问题，它主要有以下几种优势：

（1）第三方平台是中介方，可以看成商家和银行的合作。对于商家来说，通过第三方交易平台可以避免无法收到客户货款的危险，对于银行来说，可以扩展业务的范畴，节省网关开发的费用。

（2）简化了操作程序。因为第三方支付平台与多家银行合作，商家不用安装各个银行的认证软件就可以进行收支。

（3）第三方支付平台可以提供增值服务，帮助商家网站解决实时交易查询和交易系统分析，提供方便、及时的退款和止付服务。

（4）第三方支付可以对交易双方的交易进行详细记录，从而避免交易双方对交易行为可能产生的抵赖，并在后续过程中可能出现的纠纷提供一些证据。

2. 第三方支付的流程

在第三方支付交易的过程中，商家看不到客户的信用卡信息，避免了信用卡信息在网络上多次公开传输而造成的信用卡信息被盗问题。下面以 B2C 交易为例，对第三方支付的流程进行说明，如图 5-3 所示。

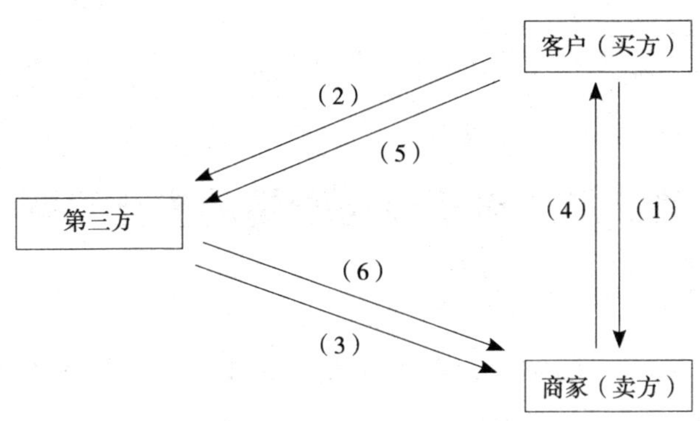

图 5-3 第三方交易支付流程

（1）客户在电子商务网站上选购商品，最后决定购买，并由买卖双方在网上达成交易意向。

（2）客户选择通过第三方平台作为交易途径，然后将货款划到第三方账户中。

（3）第三方支付平台将客户应该付款的消息告知商家，并让商家在协商好的时间内发货。

（4）商家按照订单进行发货。

（5）买家收到货物，对货物满意后进入第三方交易平台确认收货。

（6）第三方交易平台将账户上的货款划到商家账户里，交易完成。

第二节　电子商务营销的安全问题

随着 Internet 的发展，电子商务已经成为人们生活中不可或缺的一部分，极大地改变了人们的生活习惯。然而，在电子商务广泛应用的同时，其安全性也日益受到人们的关注。电子商务的安全不仅仅是计算机网络及计算机安全，如防病毒、防黑客、入侵检测等，还包括交易和支付的安全。据统计，人们对网络交易特别是网络支付的安全顾虑，已经成为阻碍电子商务发展和普及的重要因素。电子商务中所涉及商业机密一旦泄露，会给企业和个人带来巨大的损失。

一、交易的安全问题

电子商务面临的安全问题主要表现在以下几个方面：

1. 信息的保密性

指信息在存储、传输和处理过程中，不被他人窃取，使信息在传输过程中，只有发送者和接受者知道，保证他人无法截取信息，或者就算截取了也看不到里面的真实内容。因此在传输过程中一般均有进行加密的要求，同时在必要的节点设置防火墙。交易信息一旦泄露，就有可能影响到交易双方的利益。

2. 信息的完整性

指既要保证数据的一致性，又要防止数据被非法授权建立、修改或破坏。在电子商务中，信息的内容可能在传输的过程中被更改或者删除。数据的完整性被破坏可能会导致贸易双方信息的差异，将影响贸易各方的交易顺利完成，甚至会产生纠纷。所以电子商务系统信息存储必须保证完整无误。

3. 信息的有效性

指保证交易数据在确定价格、期限、数量以及确定时间、地点时是有效的。在电子交易中，合同一旦签订，这项交易就应受到保护，以防信息被篡改或者伪造。

4. 信息的不可否认性

指信息的发送方不可否认已经发送信息，接收方也不可否认已经接收信息。由于系统业务的千变万化，交易一旦达成就不能被否认。否则，交易就无法正常达成。

5. 身份的确定性

网上交易双方没有直接接触，如果不能进行身份真实性的识别，第三方就有可能假冒交易一方的身份，破坏交易、破坏被假冒一方的信誉或盗取被假冒一方的交易成果等。所以交易之前，必须确保交易双方确实是真实的，不是假冒的。

二、加密技术

为了保证电子商务活动中信息的安全，通常采用加密的方式来达到保护数据的目的。“加密”简单地说就是使用数学的方法将原始信息(明文)重新组织与变换成只有授权用户才能解读的密码形式。加密技术的具体过程如图 5-4 所示。数据加密技术是提高信息系统及数据的安全性和保密性，防止秘密数据被外部窃取所采用的主要技术手段之一，也是网络安全控制的基本技术。加密技术分为两类，即对称加密和非对称加密。

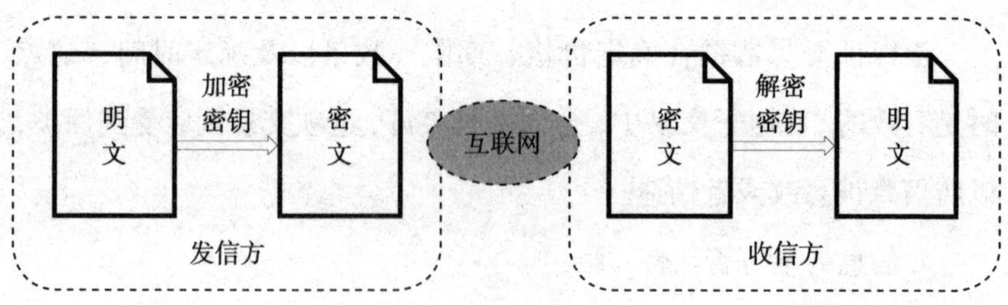

图 5-4 加密技术具体过程示意图

1. 对称加密

对称密钥也称私钥、单钥或专有密钥，在这种技术中，加密方和解密方使用同一种加密算法和同一个密钥，或者加密和解密的密钥虽然不同，但可以由其中一个推导出另一个。它要求发送方和接收方在安全通信之前，商定一个密钥。因为解密方必须使用加密方加密用的密钥才能解密，泄漏密钥就意味着任何人都可以对他们发送或接收的消息解密，所以密钥的保密性对通信安全至关重要。

它的最大优势是数据加密标准，加密和解密速度快，适于对大数据量进行加密。但双方要交换密钥，密钥管理困难就是一个很大的问题，因此密钥必须与加密的消息分开保存，并必须通过安全可靠的途径发送给接收者。而且随着通信对象的增多，相应密钥的数量也随着增多，使得密钥的分发与管理难度增大。如果进行通信的双方能够确保专用密钥在密钥交换阶段未曾泄露，那么机密性和报文完整性就可以通过这种加密方法加密机密信息，随报文一起发送报文摘要或报文散列值来实现。

在操作过程中，发送方用密钥将明文进行加密，形成密文，并通过网络将密文发送给接收方，接收方收到密文后，用同样的密钥将密文解密成明文，如图 5-5 所示。

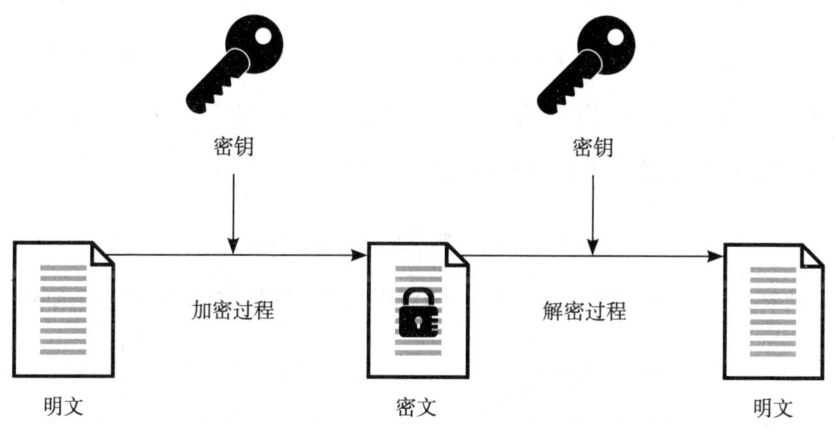

图 5-5 对称密匙加密、解密示意图

目前最具代表性的对称密钥加密算法是 DES。它是 1972 年美国 IBM 公司研制的对称密码体制加密算法，被美国国家标准局和国家安全局选为数据加密标准并于 1977 年颁布使用，它所使用的密钥是 64 位（其中 8 位作为奇偶校验位，有效的密钥长度为 56 位）。将分组后的明文组和 56 位密钥按位以替代或交换的方法形成密文组。

2. 非对称加密

非对称密钥加密技术也称为公开密钥加密技术，是由安全问题专家 Dime 和 Henman 于 1976 年首次提出的。这种加密技术需要使用一对密钥来分别完成加密和解密操作，其中一个公开发布（即公钥），另一个由用户自己秘密保存（即私钥），它们在数学上相关、在功能上不同。因为加密和解密使用的是两个不同的密钥，所以这种算法叫作非对称加密算法。

目前最著名的公钥加密算法是 RSA，它是 1978 年由 Ron Rivest、Adi Shamir 和 Leonard Adleman 三人其同开发的，所以该算法以他们三人名字的首字母命名为 RSA。其加密强度很高，安全性是基于分解大整数的难度，即将两个大的质数合成一个大数很容易，而相反的过程非常困难。两种加密标准的特点对比见表 5-1。

表 5-1　两种加密标准的特点对比

比较项目	代表标准	密钥关系	密钥传递	数字签名	加密速度	主要应用
对称加密	DES	加密密钥与解密密钥相同	必要	困难	快	数据加密
非对称加密	RSA	加密密钥与解密密钥不同	不必要	容易	慢	数字签名

RSA 具有很高的安全性，而且成功地解决了对称加密技术中密钥分配、密钥管理和收发双方身份认证困难的问题，完全可以满足电子商务活动的保密需求。但是这种方法处理速度慢，适合于内容较少的数据加密，通常与对称密钥加密技术结合起来使用。RSA 分

组长度太大，使运算代价很高。

信息交换的过程是：接收方生成一对密钥并将其中的一把作为公钥向其他交易方公开；发送方得到接收方的公用密钥，并使用该密钥对机密信息进行加密后再发送给接收方；接收方再用自己保存的私钥对加密信息进行解密，如图 5-6 所示。

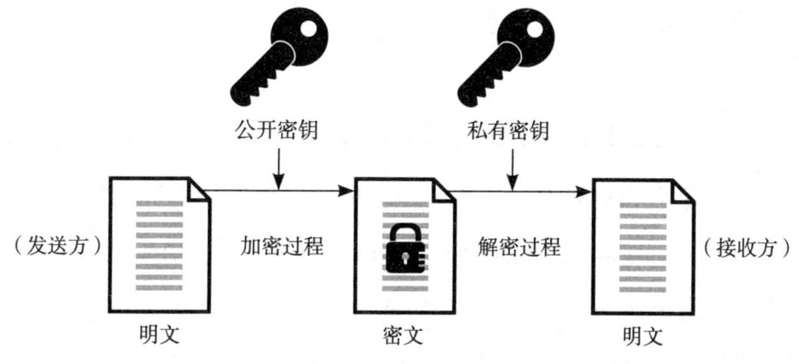

图 5-6 非对称密钥加密、解密示意图

在加密实践里，人们经常将对称加密和非对称加密技术进行结合，首先由信息发送方用对称密钥对信息进行加密，然后将此对称密钥用接收方的公开密钥进行加密，最后将它和信息同时发送给接收方。接收方一旦收到信息，就会先用私有密钥解密获得对称密钥，然后用对称密钥解开信息。如此一来，既确保了保密性，又节省了通信时间。

三、认证技术

1. 安全认证

认证（Authentication）又叫作鉴别，是为验证通信对象是原定者而不是冒名顶替者，或者确认消息是准确的而不是伪造的或被篡改过的。除了要在理论和立法上加强和完善信用法制的建设，还要依靠先进的技术。数据加密能够解决网络通信中的信息保密问题，但是不能验证网络通信双方身份的真实性。采用认证技术可以较好地避免网上交易面临的假冒、篡改、抵赖、伪造等种种威胁。它主要包括消息认证、身份认证等。

（1）消息认证

消息认证的作用是验证接收的消息是不是由它所声称的实体发来的，消息有没有被篡改、插入或删除过，同时还可以用来验证消息的顺序性、时间性，没有经过消息认证的通信系统是非常危险的。

（2）身份认证

身份识别技术用于对电子商务参与者真实身份的认证。在电子商务活动中，身份认证是保证双方交易得以安全可靠地实施的前提。目前有很多身份认证的方法，大致可以分成 3 类：用户所知道的某种秘密信息、用户持有的某种秘密信息（硬件）、用户所具有的某些生物学特征。

2. 数字签名

传统交易中，通常根据亲笔签名或印章来证明文件的真实、有效，以对签字方进行约束，防止其抵赖。在网络环境中，则使用数字签名，也称电子签名，就是只有信息的发送者才能产生的而别人无法伪造的一段数字串，如同出示手写签名一样，能起到电子文件认证、核准和生效的作用。与手写签名具有同等的法律效力。

使用数字签名和传统签名的目的是一致的，即：一是鉴别原始信息，保证信息传输过程中信息的真实性和完整性；二是保证信息是由签名者自己签名发送的，签名者不能否认或难以否认。三是保证信息发送者对发送的信息不能否认，而且，接收方不可否认，相应服务也须结合数字签名技术予以实现。

接收方可以验证信息自签发后到收到为止未曾做过任何修改，签发的文件是真实文件。

实现数字签名的方法有很多，目前应用最广泛的数字签名方法主要有以下 3 种：RSA 签名、DSS 签名、Hash 签名。其中使用最广泛的数字签名方法要数 Hash 签名，它也叫数字摘要法。这种数字签名方法是把数字签名和等待发送的信息紧密联系在一起。它更适合用在电子商务活动中，把一个商务合同的个体内容和签名联系在一起，比分别传送合同和签名要更可信、更安全。

用 Hash 编码法（SHA）实现数字签名的原理如下：发送方首先将被发送文件用 Hash 函数加密，产生 128bit 的消息摘要，然后用自己的私钥加密生成数字摘要，然后将这个数字签名作为报文的附件和报文一起发送给报文的接收方。接收方用发送方的公共密钥对消息摘要进行解密，同时对收到的文件用 Hash 函数加密产生一个新的消息摘要。接收方先用签名者的公钥解密数字签名，然后将提取到的散列值与自己计算该文件的散列值比较，若解密出的数字摘要与其通过接收到的文件计算出的数字摘要相同，那么接收方就能确认该数字签名是发送方的，且传送过程中信息没有被破坏或篡改过。否则，就说明信息被破坏或篡改过。如图 5-7 所示。

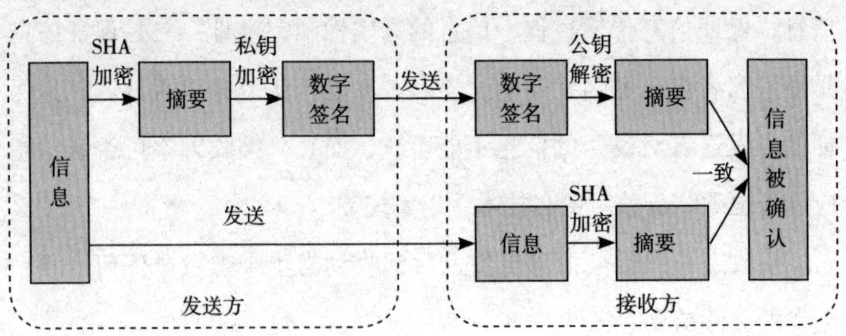

图 5-7　数字签名的生成和使用过程

3. 数字时间戳

数字时间戳是指在电子交易中，对交易文件的日期和时间信息采取的安全措施。在书面合同中，文件签署的日期与签名一样，均是十分重要的，是防止文件被伪造和篡改的关键性内容。所以对电子文件中的日期和时间采取一定的安全措施是非常必要的。数字时间戳服务（Digital Time-Stamp Service，DTS）就是为电子文件发表时间进行的安全保护。合同上的时间由第三方认证机构添加，并以认证机构收到文件的时间为依据。数字时间戳是一个经过加密后形成的凭证文档，它主要由以下 3 部分构成：需加时间戳的文本摘要（Digest）、数字时间戳服务收到文件的日期和时间及数字时间戳服务的数字签名。

数字时间戳产生的过程为：用户首先将需要加时间戳的文件用 Hash 算法加密形成信息摘要，然后将该摘要发送到第三方认证机构。第三方认证机构在加入了收到文件摘要的日期和事件信息后再对该文件加密（数字签名），然后送达用户，如图 5-8 所示。

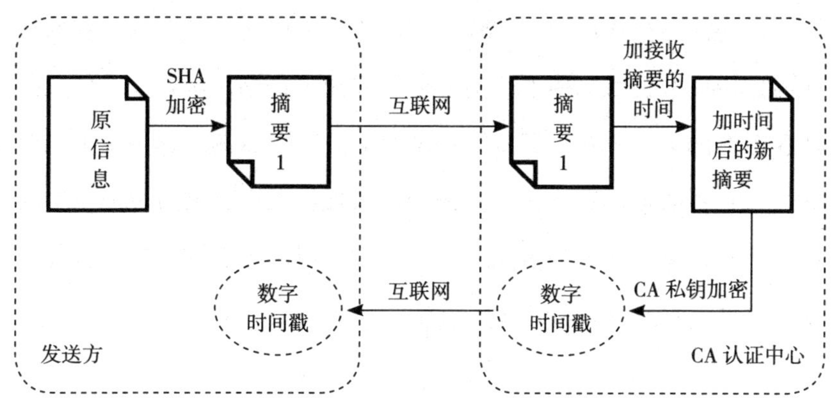

图 5-8 数字时间戳的生成过程

4. 数字摘要

数字摘要又叫作数字指纹（Finger Print），是一种通过单向Hash函数对文件中一些重要元素进行某种变换运算获得固定长度(一般是128位）的摘要码，然后在传输信息的时候把它加入文件里一起发送给接收方，等接收方收到文件以后，再由接收方以同样的办法进行变换计算，如果得出的结果和发送来的摘要码一样，就可以确定文件没有被篡改。数字摘要最重要的应用特征就是相同明文的数字摘要一定一样，不同明文的数字摘要一定不一样。在进行电子商务交易的过程中，数字摘要可以有效判断交易信息是不是完整或者它有没有被篡改过。

5. 数字证书

数字证书是一种由证书授权中心数字签名的包含公钥所有者的信息和公钥的文件。数字证书主要是由一个用户公钥、密钥所有者的用户身份标识符和被信任的第三方签名构成的。通常第三方是用户信任的证书权威机构，如政府部门或金融机构。用户用可靠的方式向公钥证书权威机构上交他的公钥并获得证书，接着用户可以公开获得的证书。所有想拥有用户公钥的人都可以获得这份证书，然后通过有关的信任签名检验公钥的有效性。数字证书通过标志交易各方身份信息的一系列数据，提供一种可以验证各方身份的凭证，用户可以用此验证识别对方的身份。

四、防火墙技术

防火墙是一种用来加强网络之间访问控制的特殊网络设备，它对两个或多个网络之间传输的数据包和连接方式按照一定的安全策略进行检查，从而决定网络之间的通信是否被允许。简单地说，网络安全的第一道防线，是位于两个信任程度不同的网络（如企业内部网络和外部网络）之间的软件或硬件设备的组合，可以对两个网络之间的通信进行安全控制。它的目的在于阻止他人对企业内部网络信息资源进行非法访问，或者阻止他人非法窃取公司网络上的内部信息。防火墙不仅是一套用来进行安全控制的软件系统，而且是一套拥有安全控制软件的硬件设备。在所有保护内部网络系统不受外部侵犯的技术中，防火墙是非常重要的一项。

1. 防火墙的功能

（1）保护容易受到攻击的服务

防火墙可以过滤掉那些危险的服务（如 Finger、NFS 等），只有以前设置为允许的服务才可以顺利通过防火墙。另外，防火墙可以避免网络受到基于路由的攻击。例如，IP选项里的源路由攻击或者ICMP重定向中的重定向路径。防火墙可以避免上述全部类型攻击的报文，同时通知防火墙管理员，这样可以大大降低网站受到非法攻击的可能性，使网络的安全性变高。

（2）控制对特殊网站的访问

防火墙最主要的功能就是控制对特殊网站的访问。有的主机可以被外部网络访问，而有的主机则需要被保护起来，避免不必要的访问。比如，在内联网里一般只有E-Mail服务器、FTP服务器和www服务器被设置为可以被外部网访问，外部网如果想访问内部网络的其他主机，则会被禁止。

（3）集中化的安全管理

通过包括防火墙在内的一整套安全方案配置，可以把全部安全软件都配置在防火墙上。与把网络安全问题分散到每个主机上比较，防火墙的集中安全管理要更加便宜。例如，在网络访问的时候，一次一密令系统以及其他一些身份认证系统根本没必要分散在各个主机上，而是集中在防火墙上。

（4）记录和监测网络访问

如果把防火墙系统当作企业内部网络和外部网络连接的仅有的一个通道，那么，防火墙就可以将全部访问都记录下来，并做出一个日志记录，与此同时，还能提供网络使用情况的统计数据。如果有可疑动作发生，防火墙可以对其进行适当的警告，并列出网络是否被监测和攻击的详细内容。

通常来说，企业内联网使用的都是局域网技术，外部网络使用的都是广域网，以路由器将内联网和外部网络连接起来，所以路由器所在的地方应该就是防火墙所在的地方。有的时候，路由器里也集成了防火墙的功能，如图 5-9 所示。

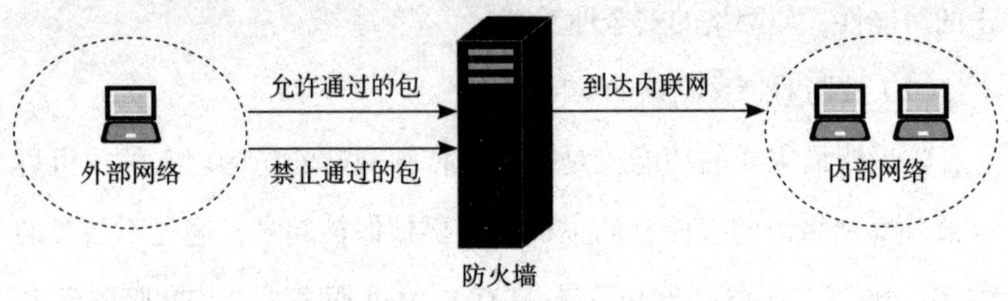

图 5-9　包过滤型防火墙的工作原理

2. 防火墙的主要类型

根据防火墙使用的不同技术，可以将其分成两种：包过滤型防火墙和代理型防火墙。

（1）包过滤型防火墙

现在使用最广泛的就是包过滤型防火墙。包过滤技术的原理在于利用路由器监视并过滤网络上流入、流出的 IP 包，拒绝发送可疑的包。

一般，包过滤软件都集成在路由器上，允许用户以某些安全策略为依据进行设置。具有包过滤功能的路由器可以根据分析 IP 地址、端口号来判断是不是转发一个分组。

例如，可建立一个防火墙过滤器，对应端口号为 23，以阻止远程登录分组发送到内部计算机上，然后再建立一个防火墙过滤器，对应端口号为 21，用来阻止外部用户将文件传输分组（FTP）发送给内部计算机等。

由于分组过滤的防火墙的安全性对用户制定的安全策略有所依赖，用户可根据两种策略来设置系统："禁止的即不允许的"和"允许的即不禁止的"。

（2）代理型防火墙

代理型防火墙又被叫作代理服务器，它的安全性比包过滤型产品强，而且已经开始朝着应用层发展。代理服务器的位置在客户机和服务器之间，将这二者之间的数据交流完全阻断。从客户机来看，代理服务器和一台真正的服务器没太大区别；而从服务器来看，代理服务器就等同于一台真正的客户机。在客户机需要采用服务器上的数据的时候，要先把数据请求传到代理服务器，再由代理服务器依据这个请求向服务器索取数据，然后这些数据会由代理服务器传到客户机。因为外部系统和内部服务器之间并无直接的数据通道，来自外部的恶意侵害就不容易伤害到企业内部的网络系统。一般讲，代理服务是针对特定的应用服务来说的，应用服务不同，设置的代理服务器也应该有所不同，例如 FTP 代理服务器、Telnet 代理服务器等。现在，为了确保网络安全，很多内部网络都同时使用分组过滤路由器、代理服务器，取得了很好的成效。

代理型防火墙的工作过程如图 5-10 所示，序号 1、2 等表示的是服务的顺序。它具有安全性高的优点，它侦测、扫描应用层，用来对付基于应用层的侵入和病毒取得了非常好的效果。它的缺点是会对系统的整体性能产生较大的影响，且代理服务器必须根据客户机可能产生的所有应用类型一项一项地进行设置，使系统管理变得更加复杂。

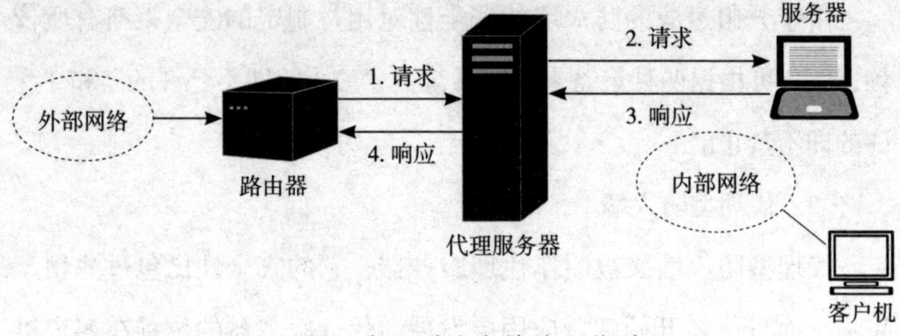

图 5-10　代理型防火墙的工作过程

通过将上述不同类型的防火墙进行组合，可以构成各种不同的防火墙应用系统。例如，一包过滤防火墙系统、主机过滤防火墙系统、双宿主网关防火墙系统、子网过滤防火墙系统等，网络管理员应该在不影响网络使用的前提下以保护内部网络的安全为原则，设置出可以满足自己网络需求的防火墙。

第三节　电子商务营销的物流管理

一、认识物流管理

物流是指为了满足客户的需求，以最低的成本，通过运输、保管、配送等方式，实现原材料、半成品、成品或相关信息实现由商品的产地到商品的消费地的计划、实施和管理的全过程。物流业务的具体流程如图 5-11 所示。

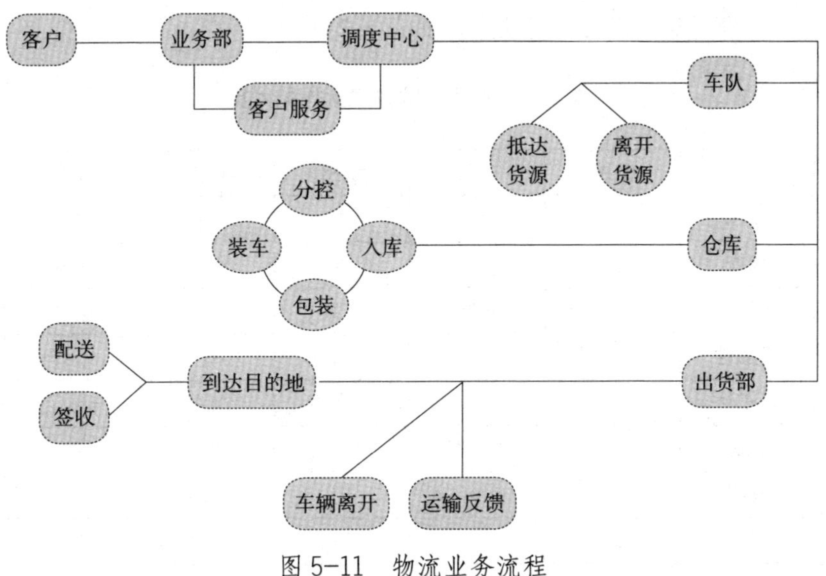

图 5-11 物流业务流程

物流的基本功能，又叫作物流的基本职能活动，包括运输、仓储、装卸搬运、包装、流通加工、配送以及与其相联系的物流信息处理。

（1）运输功能

运输是负责为客户选择满足其需求的运输方式，具体到组织网络内部的运输作业，在规定的时间内将客户的商品运到目的地，实现所期望的低成本、高质量的运输要求。其中包括集货、分配、搬运、中转、装入、卸下、分散等一系列操作。目前常见的运输方式有铁路运输、公路运输、水路运输、航空运输和管道运输等。在决定采用哪种运输手段的时候，必须权衡运输系统要求的运输服务、运输成本，可以根据运输的服务特性来确定判断的基准。例如，运费、运输的时间和频率、运输能力、货物的安全性和时间的准确性、适用性、伸缩性、网络性和信息等。

5 种运输方式各有优缺点，如表 5-2 所示。

表 5-2　不同运输方式运作的对比

	铁路	公路	水路	航空	管道
成本	中	中	低	高	很低
速度	快	快	慢	很快	很慢
频率	高	很高	有限	高	连续
可靠性	很好	好	有限	好	很好
可用性	广泛	有限	很有限	有限	专业化
距离	长	中、短	很长	很长	长
规模	大	小	大	小	大
能力	强	强	最强	弱	最弱

（2）仓储功能

仓储是指为了克服产品生产与消费时间上的差异，使物质产生时间效应，实现其使用价值，需要对物品进行保存及对数量和质量进行管理控制的活动。简单来说，就是物品的堆存、保管、保养和维护等活动。仓储的作用主要体现在两个方面：一是完好地保存物品的价值和使用价值，二是将物品配送给消费者，在物流中心进行必要的交工活动而进行的保存。在仓储这一步中要注意，因为仓库里的物品和设备比较多，要对仓库进行合理的布局和规划。

（3）包装功能

为了使物流过程中的物品完好地运送到消费者手中，并满足用户和服务对象的需求，大多物品都要进行不同方式、不同程度的包装。包装包括产品的出厂包装、生产过程中成品和半成品的包装，以及在物流过程中换装、分装和再包装等活动。它可以分为单个包装、内包装和外包装几种，最常见的包装设备有瓦楞纸箱、木箱和塑料周转箱等。在进行物品包装的时候，要深入地了解产品因素和物流因素，了解流通环境和运输目的地，还要注意物品装卸及开启的方便性。

（4）装卸搬运功能

装卸搬运包括对运输、储存、包装、流通加工等物流活动进行衔接的活动，以及在储存等活动中为进行检验、维护和保养所进行的装卸活动。装卸搬运在物流活动中起着承上启下的作用，装卸搬运设备的高低是衡量搬运现代化水平的重要标准，最常见的设备有叉车、传送机、起重机等。

（5）流通加工功能

流通加工是指物品从生产领域向消费领域流动的过程中，为了促进产品销售、维护产品质量和实现物流效率化，对物品进行加工处理，使物品发生物理性或化学性变化的功能。它可以弥补物品生产过程中加工环节的某些不足，包括分割、计量、分拣、刷标志、拴标签和组装等简单作业。

（6）配送功能

配送就是在经济合理范围内，根据用户要求，对物品进行拣选、加工、包装、分割、组配等作业，并按时送达指定地点的物流活动。配送并不是单纯地进行运输或输送，而是与其他活动共同构成的组合体，它是现代物流一个最重要的特征。

（7）物流信息处理

信息包括进行与上述各项活动有关的各项活动的计划、预测，以及对物流动态信息及与各项活动有关的费用、生产、市场信息的搜集、加工、整理和提炼等活动。信息服务是物流活动的中枢神经，在物流系统中处于不可或缺的重要地位。

二、电子商务营销下的物流模式

电子商务企业采取的物流模式通常有4种：自营物流、物流联盟、第三方物流以及物流一体化。

1. 自营物流

自营物流就是电子商务企业自行组建物流配送系统，经营管理企业的整个物流运作过程。从网上订单的签订到商品最终到达用户手中采用一条龙服务，没有第三方的参与。采取自营物流模式的电子商务企业主要有两种。一种是资金实力雄厚、业务规模较大的电子商务公司，因为电子商务刚刚萌芽，我国第三方物流的规模不大，服务水平跟不上电子商务的需要，从事电子商务的企业多选用自营物流的方式。另一种是传统的大型制造企业或批发企业经营的商务网站，因为它在长期的传统商务经营中已经建立起初具规模的营销网络物流配送体系，在开展电子商务时只需对其加以改进、完善，即可满足电子商务条件下对物流配送的要求。

选择自营配送模式的企业一般都是一些大型的连锁企业（如北京华联、沃尔玛、麦德龙等）或者大型电子商务平台企业（如京东商城、亚马逊、海尔等）。例如，海尔以上亿元人民币成立了电子商务有限公司，它依靠雄厚的财力和过去形成的营销网络，成立了一套比较完善的配送体系，不仅可以完成对海尔的服务，还可以为其他企业提供配送服务。

（1）自营物流的优点

和其他物流模式相比，自营物流有它自身的优点，优点如下：

①控制力强。自建物流配送系统最大的好处就是拥有对物流系统运作过程的有效控制权，借此提升该系统对企业服务顾客的专用性、配送速度及服务质量的保障。

②服务性强。自营物流能够保证供货的准确和及时，保证顾客服务的质量，维护企业和顾客间的关系。

③协调性强。因为在企业自营物流中，企业供应链是企业内部各个职能部门组成的网络，每个职能部门都不是独立的利益个体，它们的目标都一样，比企业和企业之间的供应链更容易协调。

④专业性强。自营物流主要是为企业自身的经营活动提供物流服务，所以更具专业性。

（2）自营物流的缺点

自营物流有优点也有缺点，缺点如下：

①对于大部分电子商务企业来讲，企业自建物流配送体系会分散企业内部的财力、人力和物力，影响主营业务的发展，不利于培养企业的核心业务。

②自建庞大的物流体系需要占用很多流动资金，而且投资时间长，对企业的发展有一定的负面影响。

③规模化程度降低，很难满足地域扩张的需求。随着企业市场的慢慢扩大，自建物流很难满足企业对物流的需求。

④缺乏专长，导致物流效率低下。因为企业不是专门从事物流的，所以专业性不高，容易导致物流效率低下，甚至会对企业的核心竞争力造成影响。

2. 物流联盟

按照国家物流术语标准，物流联盟是两个或两个以上的经济组织为实现特定的物流目标而采取的长期联合与合作。它是制造业、销售企业和物流企业在正式协议的基础上形成的一种物流合作关系，参与联盟的企业通过汇集、交换或统一物流资源来求取共同的利益。物流联盟为了取得比单独进行物流活动更好的成果，在企业之间形成一种相互信任、共同承担风险、共同分享收益的物流伙伴关系。企业之间不是完全采取会让自己的利益变得最大的措施，也不完全采取会让共同的利益变得最大的措施，而是通过契约的形式在物流方面进行优势互补，实现要素双向或者多向流动。

物流联盟是一种动态的联盟，合同一旦结束，双方就会又变成一个追求自身利益最大化的个体。在选择物流联盟伙伴的时候，要注重物流服务提供商的种类和他们的经营策略。通常可以物流企业的服务范围以及物流功能的整合程度为标准来选择物流企业的类型。物流服务的范围主要包括业务服务区域的广度、运送方式的多样性、保管以及流通加工等工作的广度。物流功能的整合程度就是企业自身可以提供的物流服务所必需的物流功能的量，而必要的物流功能不仅包括基本的运输功能，还包括其他经营管理、配送、集配、流通加工、信息、战术、企划、战略等功能。

通常加入物流联盟的企业之间都会产生很强的依赖性，每个加入联盟的企业都必须清楚自己在整个物流联盟里的优势所在，以及扮演一个什么样的角色，以减少联盟内部的对抗和冲突，分工明确，让供应商集中精力地为客户提供指定的服务，最终达到提高企业竞争力、竞争效率的目的，满足企业跨地区、全方位物流服务的需要。

物流联盟的优势如下：

①从建立物流联盟的角度来说，它最显著的作用就是降低物流合作伙伴之间的交易费用。首先是因为物流合作伙伴之间经常彼此交流、合作，他们可以大大地节省用于寻找交易对象的费用。因为物流合作伙伴之间相互信任和许诺，可以减少种种风险。因为通常物流契约的期限都比较长，可以通过协商来降低冲突发生的频率。

②从建立物流联盟的过程来说，物流联盟比较稳定。合作双方为了自身的利益而与合作伙伴建立长期的合作，可以充分依赖通过建立物流联盟而形成的内部环境，降低交易的不确定性，为双方争取最大的利润。

③从建立物流联盟的绩效来说，稳定、长期的合作可以激励合作双方使共同的利益最大化，让合作双方都获得稳定的利润。在物流联盟里，合作双方在供应链中的联系会进一步加深，可以向对方学习先进的技术和丰富的管理经验等。

3. 第三方物流

与自营物流相对应的是第三方物流，又称外包物流或合同物流。它是指电子商务企业把自己需要完成的商品配送业务委托给专门的物流快递企业来完成的一种配送模式。它是由相对第一方（发货人）和第二方（收货人）而言的第三方专业企业来承担企业物流活动的一种物流形态。第三方物流本身不拥有商品，不参与商品的买卖，只是为顾客提供以合同为约束、以结盟为基础的系列化、个性化、信息化的物流代理服务。

采用第三方配送模式，电子商务企业能够集中精力于核心业务，减少固定资产投资，加速资本周转。而从事第三方物流的企业在委托物流需求的推动下，从简单的存储、运输等单项活动变成提供全面的物流服务，还要进行物流活动的组织、协调和管理，设计建议最优活动方案，进行物流全程的信息搜集和管理等。

第三方物流是社会分工的产物，在当今市场竞争日益激化和社会分工日益细化的大背景下，第三方物流具有明显的优越性，企业选择第三方物流有以下几点优越性：

①降低成本。专业的第三方物流提供者通过规模生产的专业优势和成本优势，可以减少企业原料库存和产品库存，使企业从中获益，实现成本优势。

②提高企业的形象。

因为第三方物流是专门从事物流的企业，拥有完备的设备和训练有素的员工，可以对整个供应链进行有效的控制，还能凭借自己遍布全球的运送网络和服务者将交货期大大提前，从而提高企业自身的形象。

③集中主业，提高企业的经营效率和竞争力。每个企业都有自己的核心业务，如果自己进行物流事务，会分散企业的人力和物力。

选择第三方物流可以使商业机构和各大公司将主要精力放在核心业务上，改善企业的资金流，提高经济效益和竞争力。

第三方物流是一个新兴的领域，企业采用第三方物流模式对于提高企业经营效益具有重要作用。但是它也有很多缺陷，主要包括：企业无法直接控制物流职能，无法确保准时、及时地将货物送到客户手中，无法确保顾客服务的质量，无法维护和顾客的长期关系等。

和其他物流模式相比，第三方物流的配送模式可以更快地为客户提供专业服务，可以削弱甚至消除企业在物流方面的担心，让他们可以专心地经营网络商品，与此同时，还能降低企业物流配送成本。大部分中小电子商务企业都比较倾向于第三方配送模式。

4. 物流一体化

物流一体化就是以物流系统为核心的由生产企业、物流企业、销售企业和消费者构成的供应链的整体化、系统化。它是以第三方物流为基础形成的一种全新的物流模式。美、法、德等西方发达国家在 20 世纪 90 年代提出了物流一体化的理论，并用这个理念指导国内的物流发展，效果非常好。在这样的模式下，物流企业和生产企业建立了广泛的代理或者买断关系，让产品可以在有效的供应链里快速移动，让参加到里面的所有企业都获益，让整个社会都获得显著的经济效益。这种模式还体现在用户之间广泛交流的供应信息上，可以起到调剂余缺、合理利用、资源共享的效果。在电子商务经营中，这是一种较为完整的物流配送模式，是物流行业发展的高级阶段和成熟阶段。

物流一体化的发展可以分为 3 个层次：物流自身一体化、微观物流一体化以及宏观物流一体化。所谓物流自身一体化就是物流系统的观念慢慢确定，运输、仓储等物流要素都越来越完备，子系统协调、系统地发展。微观物流一体化就是市场的主体企业把物流提升至企业战略的高度，而且出现了将物流战略当成纽带的企业联盟。所谓宏观物流一体化就是物流业发展到如下水平：物流业在国家国民总产值中占有一定比例，在社会经济生活中处于主导地位，它让跨国公司可以从内部职能专业化以及国际分工程度提高的过程中取得规模经济效益。物流产业化发展到一定程度就是物流一体化，它的实现必须以第三方物流充分发展和完善为前提。从本质上说，物流一体化就是一个物流管理的问题，也就是专业的物流管理人员和技术人员充分发挥专业化物流设备和设施的作用，利用他们专业的物流运作管理经验，谋求整体最佳的成果。与此同时，物流一体化的趋势给第三方物流的发展提供了一个优良的发展环境和庞大的市场需求。

当前，电子商务物流中最主流的模式要数自营物流和第三方物流，这两种物流模式并不对立，它们各有各的优势。选择物流模式时，电商要根据自己的具体需求和资源谨慎地选择。

三、物流模式的选择

上述 4 种物流模式都有自身的优点，也有一定的缺点，电子商务企业究竟应该选择哪种配送模式，还要根据自身的规模、资金实力、战略定位、发展阶段，综合考虑以下因素，慎重选择。

1. 根据物流对企业成功的影响程度和企业对物流的管理能力

具体情况见表 5–3。

表 5–3 物流对企业成功的影响程度和企业对物流的管理能力

	高	低
物流对企业成功的影响度	自营物流	——
企业对物流的管理能力	外包物流	外购物流

2. 根据企业对物流控制力的要求

通常企业所处的行业竞争越是激烈，对物流控制力的要求就越高，越应该选择自营物流。

3. 根据企业产品自身的物流特点

例如，如果企业要运输大宗工业原料或者运输鲜活产品，最好选择专业的物流公司，如果企业产品要运输到全球各地出售，最好选择地域性的专业物流公司。

4. 根据企业的规模、实力

通常，大中型企业资金比较充裕，有能力建立一套自己的物流系统，选择自建物流系统不仅可以保证物流服务的质量，还能为其他企业提供物流服务。至于中小型企业，最好将主要的人力、财力放在企业的核心业务上，故应选择第三方物流。

5. 物流成本

物流总成本是总运输成本、库存维持费用、批量成本、总固定仓储费用、总变动仓储费用、订单处理和信息费用以及客户服务费用之和。在确定选择哪种物流模式之前，要算一下选择不同模式的物流总成本，从中选择成本最小的物流模式。

6. 外包物流的客户服务能力

企业在选择物流模式的时候，也要考虑外包物流的客户服务能力，如果外包物流可以及时满足企业对原材料的需求，以及对企业零售商和最终客户不断变化的反应能力，可以将外包物流作为首选。

目前，电子商务发展得非常快，我国的物流业已经形成一定规模。企业在选择物流模式的时候，可以根据自身条件选择一两种模式混用，从而实现利益的最大化。

第六章 网上开店

第一节 网上开店前的准备

一、开店人的要求

网上开店是网上创业的一种，作为创业者，在开店时要发挥一个店主应该起到的作用，不仅要承担一定的风险，还要推动网店的销售业务发展。网上开店的店主应具备以下几点要求：

1. 网上开店的知识

店主的知识水平对新网店的影响是非常大的，良好的知识储备是网店成功的基础。店主应该具有的知识可分为 3 大类：基础性知识、一般性经营知识和网店项目专业知识。其中基础性知识是人们生产、生活中都要具有的常识性知识；一般性经营知识是人们进行生产经营活动所必备的共性知识，包括法律法规、税收、管理等方面的内容；第三类是网店项目专业知识，也就是与网店有关的知识，如产品相关的技术、知识、经验等。

在刚开始经营网店的时候，店主要特别注意千万不要做违反法律法规的事情。这里的法律法规既包括我国基本的法律法规，又包括电子商务法律法规、电子商务行业规则。

近几年，我国电子商务迅速发展，国家相关部门为了促进我国电子商务的发展，陆续出台了一些电子商务法律法规。例如，2010年6月，国家工商总局出台了一部《网络产品交易及有关服务行为管理暂行办法》，其中规定所有通过网络进行产品交易和其他相关服务行为的自然人，都要提交其姓名、地址等真实信息。同月，中国人民银行也出台了一部《非金融机构支付服务管理办法》（下称《办法》），它规定，在2011年9月1日之前，第三方支付公司都必须申请获得《支付业务许可证》，而且全国性公司的注册资本不能低于1亿元。这个《办法》出台的目的在于规范目前迅猛发展的第三方支付行业，引导第三支付行业规范发展。

这些法律法规的出台可以有效地稳定整个网络贸易市场。店主要注意，如果选择第三方平台，开店的时候还要注意第三方平台为了规范买卖双方的交易行为而制定的交易规则，特别是它极为严苛的违规处罚机制。例如，淘宝是国内排行第一的第三方网络零售交易平台，它在交易规则的建立和实施方面都有非常严苛的规定，包括店铺注册、出价付款、产品发布、信用评价等各个方面，而且随着平台的变化和提高，交易规则也在不断地增加和完善。

2. 网上开店的基本素质

作为创业的一种途径，网店店主必须知道只要有收益就会面临风险。在开店的时候，店主应该有充足的商机敏感度，可以有意识地判断将来市场的发展走势，可以整合各种资源，把商机转化成店铺的流量、收益；店主应该具有一定创新的思想观念、个性作风，不仅要承担风险，还要有超前行动，积极地参与竞争。在网店开办实践过程里，店主还应该有很好的心理素质。不少在网上开店的店主太过急躁，他们觉得卖不出去东西就等同于没有市场，轻言放弃，或者没有明确的定位，只是随波逐流，这样做会给网店造成损失。一个成功的店主经常会有一些和别人不同的心理特征，如善于掌握方向、坚韧、有耐心、善于冒险、灵活变通等。

3. 网店赚钱的基本能力

如果想让自己的网店赚钱，就要求店主具备以下几种良好的个人能力。

（1）良好的市场判断能力，能筛选出畅销的产品。

（2）良好的价格分析能力，不仅要买到价格低廉的产品，还要给产品定一个合理的售价。

（3）良好的网络推广能力，能让消费者通过各种各样的渠道进入自己的网店，而不是干等着顾客上门。

（4）敏锐的市场观察力，能够随时掌握市场的变化，并以此调整自己店里的产品和经营方式。

（5）热情的服务意识，能够用良好的售后服务来得到众多忠实的顾客群体。

可以说，开网店不难，难的是怎样把一个网店运营好，并给自己带来利润，这需要店主在网店的运营上下功夫。

三、网上开店的硬件要求

开网店虽然不用去租门面、选地段、找仓库，但也需要具备相应的硬件条件，否则网上生意很难顺利展开。

网上开店的硬件设施主要包括以下几种：

1. 一台可以上网且配置比较高的计算机

网上开店，拥有可以正常上网的计算机是必不可少的。申请网店、美化产品图片、布置网店、与顾客随时沟通等都需要通过计算机来完成，其工作量非常大。若计算机的配置不合要求，则会影响到商家与顾客之间的交易。

2. 数码相机

一部像素较高的数码相机也是开网店必不可少的一个硬件设备，如果能配备一台单反相机更好。网上开店主要是通过照片给顾客展示产品，因此，通过使用数码相机可以最快速地把自己的产品多角度、详细地展示在顾客面前。为了使拍摄效果更好，突出产品的特点，还可以配备反光伞、背景布、灯光等辅助器材。当然，在上传之前需要利用图像处理软件对照片进行加工美化。

3. 手机

最好将与顾客联系的移动电话、座机电话都配备齐全，这样才能与网络配合，方便与顾客联系。对于网店经营者来说，与顾客保持良好的沟通是成功经营一家网店的先决条件，利用手机可以随时随地维护顾客关系。

4. 多功能一体机

如果条件许可，可以配备一台多功能一体机，用于打印发货单、包裹单，扫描产品图片等。如果卖家的网店进入实际操作阶段，销售量大时就会有很多物流单需要填写，多功能一体机不仅可以确保快速准确地发送产品，而且可以用于收发合同。

四、网上开店的软件要求

开设网络店铺还需要准备一些必要的软件：

1. 电子邮箱

在网上开店做生意，电子邮件是一个非常重要的沟通工具。作为开设网络店铺的卖家，应该注册自己的电子邮箱，以方便与潜在的顾客交流。在选择邮箱时，应该综合考虑信息的安全性、是否可以长久使用、防病毒能力、收发速度、反垃圾邮件效果、邮箱容量、允许的附件大小以及使用是否方便等多种因素。常见的免费电子邮箱包括雅虎、126、163 和 Hotmail 等。

2. 网络通信工具

由于网上开店大多是通过网上通信工具与顾客进行交流、协商，因此即时的网上通信工具是不可或缺的。因为打字聊天是与顾客交流的最直接方式，大多数交易都是通过这种聊天谈成的，卖家可以通过 http：//www.taobao.com/wangwang 下载阿里旺旺卖家版，可及时地与顾客进行沟通。

3. 图像处理软件

图像处理软件是对数码照片进行修复、合成、美化等各种处理的软件的总称。在网店经营过程中，经常需要制作图案、修正图片、加水印等，这都可以借助图形软件来完成。目前最好用的图片处理软件莫过于 Photoshop，这是美国个人电脑软件公司 Adobe 公司推出的一款图片处理软件，是一款功能全面、强大的图片处理软件。Photoshop 比较容易上手，通过它可以对拍摄出来的产品照片进行适当的修饰，使照片更加美观，从而吸引顾客的注意。除此之外，比较常见的图像处理软件有美图秀秀、ACDSee、光影魔术手等。

4. 文本编辑软件

在所有文本编辑软件中，Microsoft Word 是最常用到的一款软件。对于在网上开店的卖家来说，可以在 Word 上方便地撰写店铺公告、宝贝描述、卖家资料等资料。文本编辑的效果会对网上店铺中产品的销售情况产生直接的影响。所以，应该学会并牢牢掌握文本编辑软件的使用。

5. 银行账户

目前我国使用最广泛的支付手段要数网银和支付宝。网银是银行借助网络向顾客提供金融服务的业务处理系统，买卖双方开通网银后，可以足不出户地完成交易时的资金流转，享受到时间、空间上的便捷。在淘宝网上开店必须拥有一个属于自己的支付宝账户，以实现收支功能。

6. 网店管理软件

网店管理软件就是管理软件提供商为近几年兴起的网上商店经

营者提供的一种平台辅助软件、销售支持软件和其他一些针对用户习惯、用户需求制定的支持软件。经营网店的人经常要做产品上架、照片上传、交易查询等工作，而一个好的网店管理软件可以起到事半功倍的效果。最常见的网店管理软件包括淘宝助理（图 6-1）、管家婆、网店管家等，网店经营者可以根据自己的需求选择一个合适的管理软件。

图 6-1　淘宝助理

7. 数据挖掘软件

经营网店每天都会生成很多数据，如流量、交易量、收藏量等。经营者可以通过数据挖掘软件将一大堆杂乱无章的信息进行集中整理，从最后的结果中选出精华，找出所研究事物内含有的规律，进而提高做事的效率。因此，数据挖掘软件是非常重要的，经营者可以通过数据挖掘来分析市场的发展趋势、形成爆款的可能性以及促销方式的有效性等，从而调整自己网店的运营策略。最常见的淘宝数据挖掘软件包括淘宝指数、数据魔方等。

8. 促销软件

从本质上说，促销是一种沟通活动，也就是营销者（信息提供者或发送者）传播出可以刺激消费的各种信息，将信息传播给一个或更多的潜在顾客，以影响他们的态度和行为。与经营实体店一样，经营网店也可以通过促销的方式来吸引顾客，增加交易量。网络促销的方式包括电子优惠券、满就减、满就送、包邮等方式，有的时候，这些方式都可以通过促销软件完成。在淘宝卖家服务平台，这样的促销软件非常多。

第二节　淘宝网上开店

网上开店的准备工作完成后，就可以正式开店了。一般来说，网上开店需要选择合适的电子商务平台。淘宝网不仅是国内最大的网络购物平台，而且是亚洲及太平洋地区最大的网络购物平台，吸引着海内外的很多网民，拥有相当庞大的网购消费群体和优质完善的卖家服务。现以在淘宝网上开店的流程为例，介绍利用大型网站进行网上开店的基本流程。

一、注册淘宝会员

1. 要在淘宝网上开店，首先需要注册成为淘宝会员，单击淘宝网首页左上角的“免费注册”进入注册界面，如图 6–2 所示。

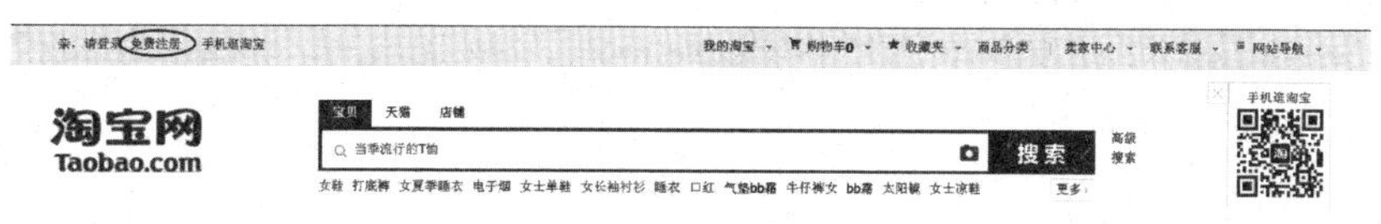

图 6-2　淘宝网注册入口

2. 在相应的对话框里填写手机号码，然后滑动验证键，单击“下一步”。如图 6–3 所示。

淘宝网 Taobao.com 用户注册

1 设置用户名　2 填写账号信息　3 设置支付方式　注册成功　中文 | English

手机号　中国大陆 +86

验证

下一步

切换成企业账户注册

图 6-3　手机绑定界面

3. 然后输入手机收到的验证码，单击确认，如图 6–4 所示。

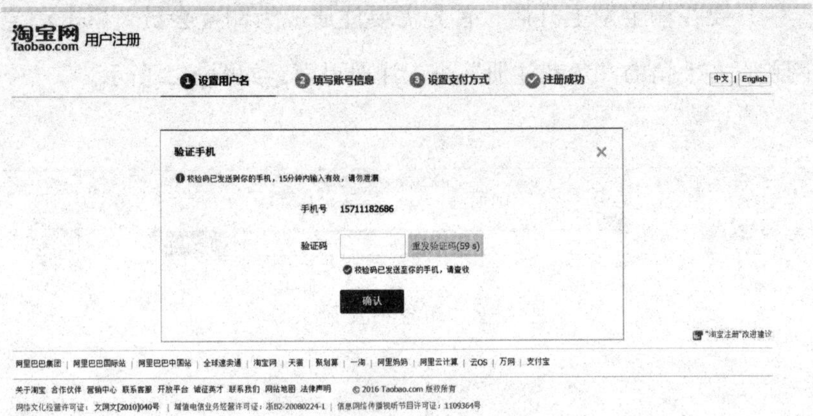

图 6–4　手机验证界面

4. 在信息填写页面填写信息，填写完后单击“提交”即可，如图 6–5 所示。

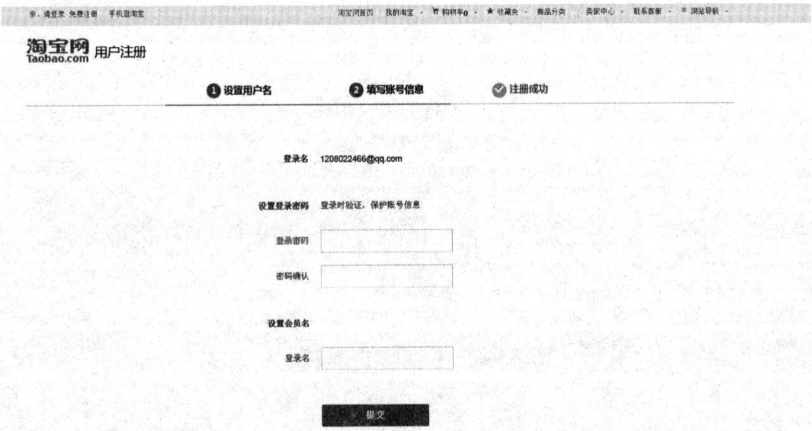

图 6–5　填写信息界面

5. 当页面提示“注册成功”，即意味着你已经成功成为淘宝的会员了，如图 6-6 所示。

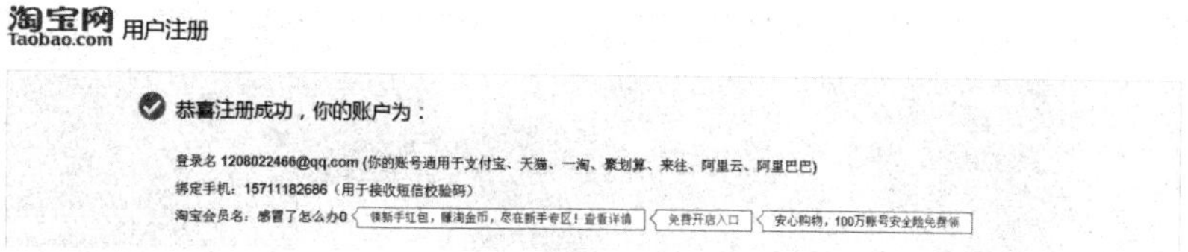

图 6-6 注册成功提示对话框

二、开通支付宝帐号

淘宝网默认的支付手段主要有两种：支付宝、网银。然而买卖双方都需要通过支付宝帐号来保证交易的安全。支付宝认证系统具有很多优势，主要包括以下 4 点：

（1）支付宝为第三方认证，非常可靠。

（2）支付宝有很多知名银行参与。

（3）支付宝不仅要进行身份信息核实，还要进行银行账户信息核实。

（4）支付宝认证的流程非常简单，而且容易操作。

支付宝账号的开通过程如下：

1. 从搜索引擎进入支付宝首页，单击“我是商家用户”，单击“免费注册”，进入注册页面，如图 6–7 所示。

图 6–7　支付宝注册入口

2. 选择是个人注册还是企业注册，根据提示输入手机号码或电子邮箱当作账户名，如图 6–8，等输入完以后，单击“下一步”。

图 6–8　支付宝验证注册

3. 在账户的信息页面填写有关信息，填完后单击“确定”即可。卖家一定要将支付宝登入密码和支付密码区分开来，如果连续 5 次输入的密码错误，支付宝账号就会被锁定，3 个小时内不能再使用。

注册完成后，就可以在支付宝的登录主页上填上自己的账号名登录账号。如果觉得密码太过简单，可以进入支付宝账号管理，对密码进行修改，或者同时设定 3 个安全保护问题增强账号的安全性，如图 6–9 所示。

4. 注册完支付宝账户后，用户还不能享受支付宝的全部服务。

图 6–9 支付宝密码设定

顾及到网络的虚拟性以及所有用户资金的安全，如果想享受支付宝的所有服务，还要进行支付宝实名认证。支付宝实名认证是支付宝（中国）网络技术有限公司推出的一种身份识别服务。

支付宝实名认证的步骤非常简单：先登录支付宝，进入“账户设置”，然后单击页面上的“基本信息”，在“实名认证”里找到“立即认证”一项，单击进入认证页面。然后按照提示填写身份证号和姓名，写完后点“提交”即可。这个步骤也可以在注册支付宝的时候进行。

5. 支付宝账号是买卖双方在淘宝网交易中的中转平台。通常都是顾客事先把购买款打进支付宝里，然后支付宝提醒卖家发货，等顾客收到产品并确定收货后，支付宝才会将钱打进卖家的支付宝里。卖家不仅可以在支付宝网站上查看自己的账户余额，还可以查看交易明细。图 6–10 所示就是支付宝显示的内容，包括账户余额、余额宝、招财宝等内容。

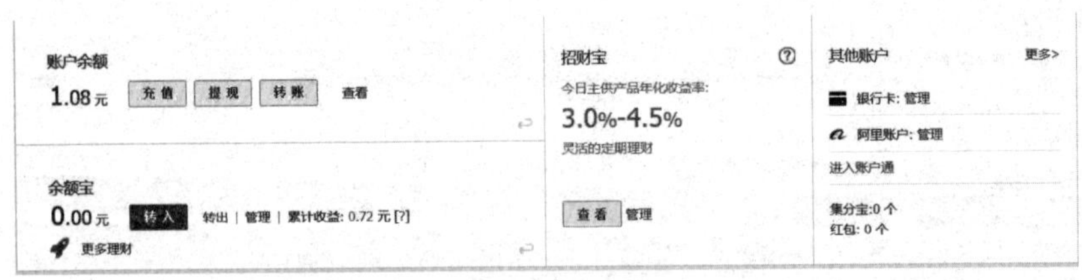

图 6–10　支付宝的显示内容

因为支付宝是一个虚拟的可以起到担保作用的第三方账户，所以卖家通过淘宝网获得的利润还是要归到自己的银行卡上。这时可以将银行卡与支付宝账户进行绑定，然后将钱转到银行卡上，并取出来。

单击页面中的“添加银行卡”，就可以出现如图6-11所示的页面，然后再输入自己的银行卡号、身份证号和手机号等内容，就可以将银行卡与支付宝进行绑定，使用快捷支付。

图6-11 添加银行账号

当淘宝账号和支付宝账号都注册好之后，就可以开始进行淘宝店铺的实际操作了。

在注册淘宝账号和支付宝账号的过程中要特别注意以下几点：

（1）淘宝会员名最好是中文或者中文加数字或字母，一旦注册成功，淘宝会员名就不能再修改。

（2）淘宝会员名和支付宝都注册好以后，淘宝会员名就是自己事先取好的名字，而支付宝账户就是手机号。登录支付宝的密码与登录淘宝的密码一致。

（3）注册的淘宝账号、手机号和注册过程中填写的身份证号、银行卡号等信息都必须属于同一个人。

三、店铺基本设置

完成淘宝店铺的创建后，需要对店铺的基本信息进行完善，并对店铺进行简单的装修，使之焕然一新。店铺的基本设置包括修改店铺名称、设置店标、设置域名和写店铺介绍等内容，如图 6–12 所示。

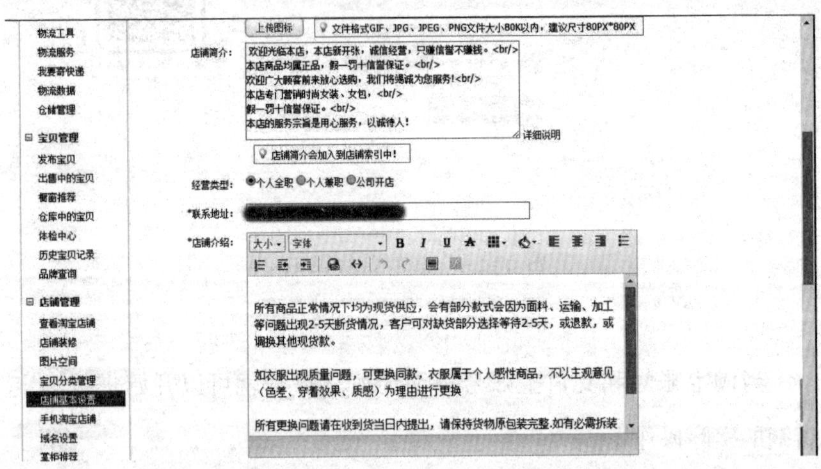

图 6–12　店铺基本信息设置对话框

卖家登录后进入淘宝网首页，单击“卖家中心”选项下的“免费开店”即可进入店铺管理初始界面，也就是“我是卖家”的页面。卖家可以在里面对店铺的很多内容进行管理。

1. 修改店铺名称

开好店铺既要注重产品的质量和服务的水平，还要让自己的店名具有一定的文化内涵和广告宣传效果，以成功吸引消费者的注意。因此，在完成开店的工作后要给自己的网店起一个好名字。

2. 设置店标

每个成功的企业都有自己的标志，它是企业视觉识别系统（VIS）的重要组成部分。店标的设置非常重要，相当于一个品牌的 logo，可以让消费者通过店标记住自己的网店。上传的店标图像大小不能超过 80kB，格式为 jpg、gif 或 png，建议尺寸是 80px × 80px。

3. 设置域名

每个开设成功的网店都会有一个自己的初始域名，这个初始域名大多是一个由许多字母、符号和数字组成的网址，非常难记，当前淘宝店主只需开通使用不同版本的旺铺，就可以无偿地使用二级域名，一旦成功设置二级域名，就可以在浏览器的地址栏里直接显示出二级域名，可以给买家留下较为深刻的印象，而且便于记忆。

4. 写好店铺介绍

店铺介绍是对店主所经营网店的一种概述，可以让消费者在最短的时间里了解店铺。

5. 装修店铺

一个漂亮的实体店铺往往会吸引很多消费者关注，提高消费者的驻留时间和购买欲，网店也是如此，所以卖家必须对店铺进行一些必要的装修。网店的装修主要包括商铺外观的装饰、公告栏的设计、友情链接的添加等。网店装修的步骤如下：

登录淘宝，单击“卖家中心”，找到“店铺管理”，单击“店铺装修”，进入装修页面进行布局管理，可以根据自己的喜好添加或删减页面，设定好后，选择“保存”，如图 6-13 所示。

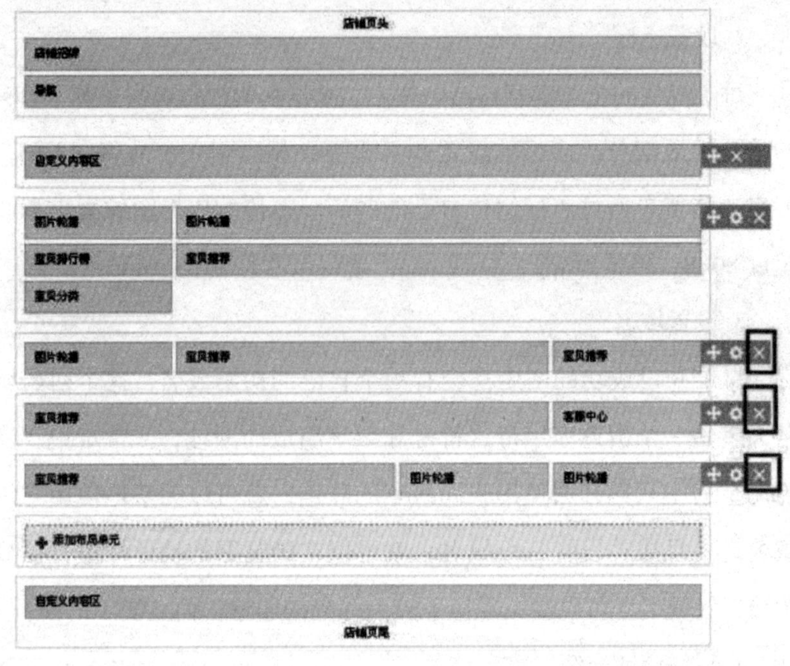

图 6-13 店铺布局管理

然后进行页面的编辑，主要包括设置页头的导航、店招、页面设置和背景颜色等工作。店招是店铺的第一屏内容，消费者进入网店后首先看到的就是网店的店招，设计店招是打造店铺品牌的最佳选择，好的店招可以让消费者瞬间记住这家网店。卖家可以选择默认招牌或者 BannerMaker，选择一张自己喜欢的图片作为店招，也可以选择自定义招牌，然后输入图片代码即可，如图 6-14 所示。招牌的长度默认值是 950px，高度最好不要超过 120px，不然可能会导致导航显示异常。在店招里，卖家可以通过图片或代码突显自己店铺的优势或宝贝的优势，甚至可以在店招里加上与促销活动相关的内容。一个成功的网店店主应该善于通过自己的店招给消费者留下深刻的印象。

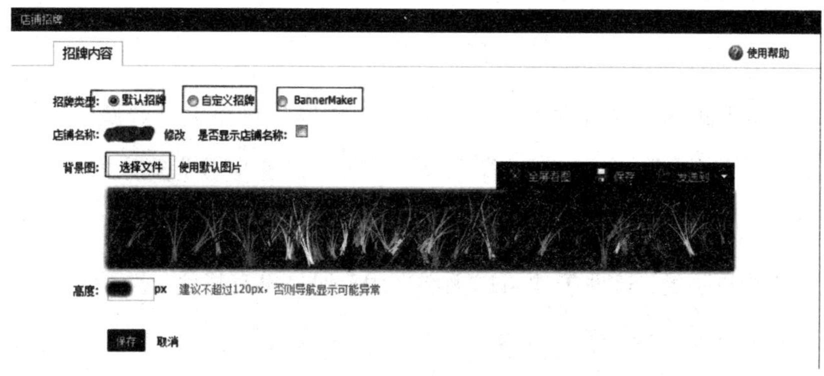

图 6-14　店铺招牌设置

做好店招后，店主就可以在剩下的页面里添加自己喜欢的模块，并给不同的模块设置好恰当的内容，常用的模块包括宝贝推荐、图片轮播等。宝贝推荐既可以手动添加，也可以自动添加，按照关键词、价格区间、分类等挑选宝贝，然后设置是不是要将已售笔数、评论数、折扣价等内容显示出来，如图 6–15 所示。图片轮播就是把很多张广告图片以滚动轮播的方式展示出来，轮播显示的高度要限制在 100px 到 600px 之间。

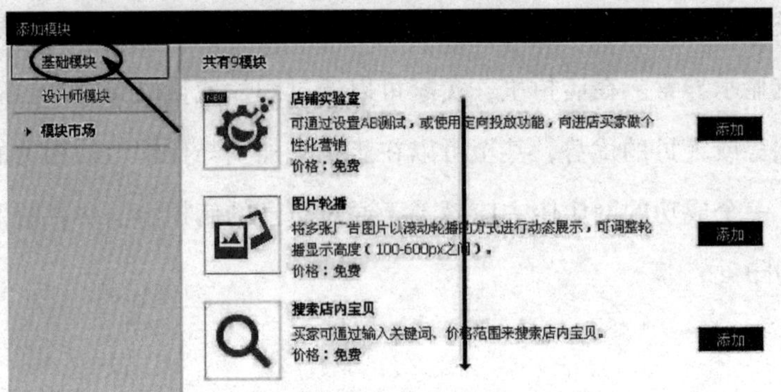

图 6-15　店铺添加模块

如果卖家不是非常善于装修店铺，可以直接单击“装修”，进入“模板管理”，从里面选择系统模板或者单击购买模板后面的“应用”，就可以完成对店铺的装修。现在，第三方平台都给店主提供了简单的模板，这些模块可以无偿使用，但是没有特色、结构单一，不能突显网店的个性。于是有的第三方平台又推出了一些付费式的装修服务，按月收取费用或者按年收取费用。

第三节　网店日常管理

一、发布宝贝

点开“宝贝管理”，进入“发布宝贝”页面，就可以开始上传宝贝了。发布宝贝首先要做的是选择正确的分类，在左侧类目栏中选择恰当的类目。如果不知道自己的宝贝属于哪一类目，可以直接输入宝贝名称，系统会自动选出相应的类目。如果知道自己的宝贝属于哪一类目，却不知道具体的归属，可以在类目搜索里输入类目名称，找出与类目有关的全部选项。确定类目后，单击“我已阅读以下规则，现在发布宝贝”即可开始填写宝贝的基本信息，如图 6-16 所示。

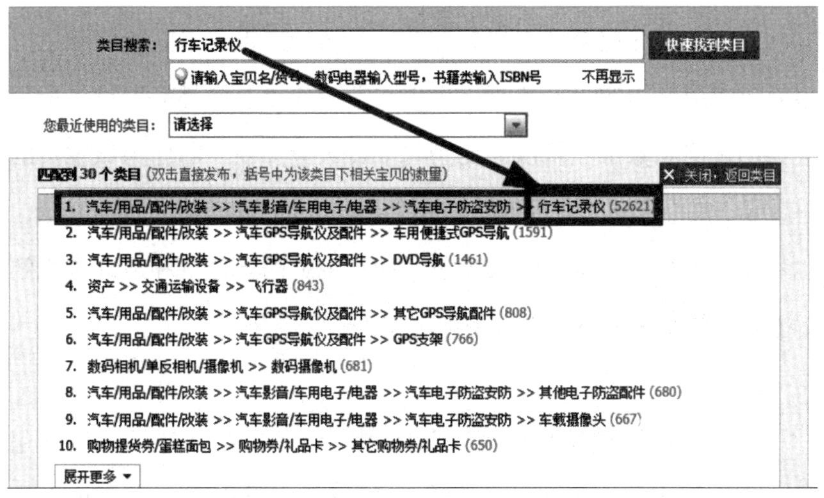

图 6-16 宝贝类目设置

选择的类目不同，要填写的宝贝基本信息也会不一样，卖家可以根据自己宝贝的实际情况如实填写。需要填写的基本信息如下：

1. 宝贝名称

宝贝名称是非常重要的一项，这关系到消费者是不是可以找到店主的宝贝，所以要用有效的关键词组合成一个宝贝名称，宝贝名称的数量最好在 30 字以内（宝贝标题都要求在 60 个字符以内，即

30个汉字，既可以有空格，也可以有中文、英文）。店主可以根据自己宝贝的各种属性来选择各类关键词组合工具，确定一个宝贝名称，以提高自己宝贝的搜索量。在这过程中，店主要特别注意，有的词是绝对不能用，如水货、山寨等。

2. 宝贝价格

在发布新产品的时候必须输入产品的单价，即一口价。如果一件宝贝有很多颜色或者很多属性，可以通过"颜色分类"来设定不同的价格。首先应该勾选出相应的颜色选项（也可以直接将颜色内容修改成属性内容），然后在出现在下面的颜色分类框里输入那种宝贝的价格和数量，将所有类别的宝贝数量加在一起即为该宝贝的总数量。其中，一口价所填写的价格不能高于颜色分类里的最高价，也不能低于颜色分类里的最低价，而且宝贝的最低价和最高价之间的差别不能太大，不然就容易被淘宝机器人屏蔽。

3. 上传宝贝图片

发布宝贝的时候必须有一张主图。如果是在计算机上发布宝贝，通常要上传4~6张从不同角度拍摄的宝贝图片。卖家可以选择一张主图和几张细节或情景图，让消费者不需要浏览宝贝详情页就可以大致了解宝贝的信息。图片编辑的时候，如果上传的是700px×700px像素较高的图片，那么上传后，主图就可以使用放大镜的功能，顾客只需在图片上移动鼠标，就可以将图片放大，查看宝贝的细节。通常主图的尺寸最好是700px×700px，大小要限制在500KB以内，但最好不要将主图压缩得太小，因为如果太小就容易失真。关于宝贝细节图的尺寸，一般系统模板可以显示的宽度只有

750px，高度不限。就算上传的图片宽于750px，系统也会把它压缩到750px；如果上传的图片大于750px，那么最好把图片排在中间，否则宝贝就不能完整地显示出来。

4. 宝贝描述

把消费者吸引到宝贝详情界面后，宝贝描述是最能引导消费者购买宝贝的部分，卖家可以通过框体上方的各种格式工具栏对宝贝进行细致的描述，包括宝贝的属性、细节、模特图、使用说明以及售后等各种内容，然后设计好文字的大小、颜色以及图片的大小、位置等。自从淘宝网添加了详情导航模块后，现在大多卖家都会根据自己宝贝的实际情况设计自己的店铺宝贝详情模块，将其设计成具有独特风格的宝贝描述，同时简化了宝贝描述的操作，如图6–17所示。

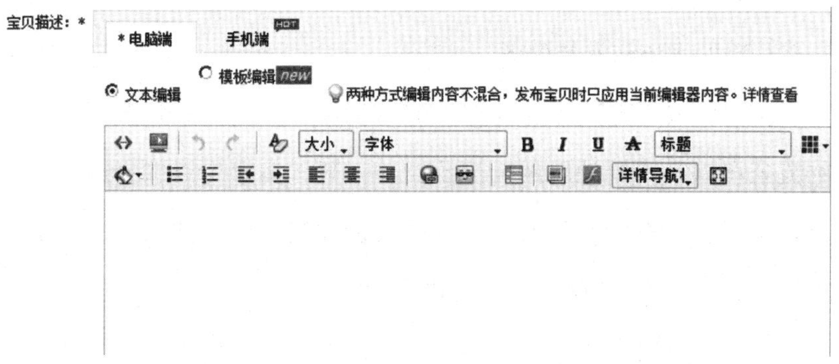

图6–17 宝贝详情设置

该怎样设置详情导航模块呢？具体步骤如下：先把鼠标定到详情导航模块上，然后在一个可以下拉的菜单里选择“新建模块”，将对产品的描述信息填写在产品描述框里，单击“立即保存”即可，如图 6–18 所示。在此过程中要注意，为了便于管理，标题最好与详情内容相符，不要随便取一个名字。这个名字会显示在宝贝详情页面右侧的快速导航栏里，却不会在宝贝描述里显示出来。使用的时候，只需点开“详情导航模块”，单击相应的模块，就可以看到被放到详情框中的模块。

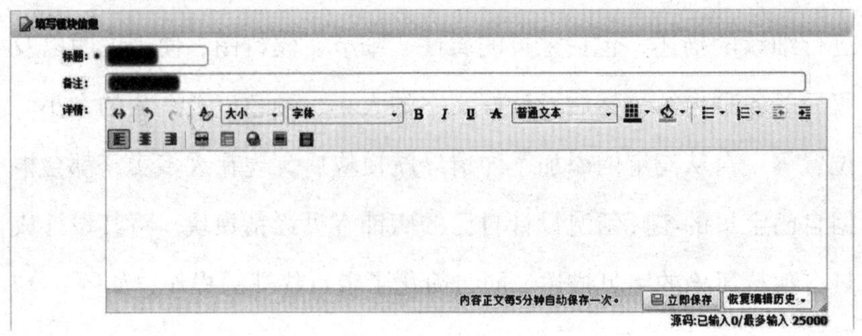

图 6–18　创建宝贝导航模块

5. 宝贝物流和安装服务

在这一项中尤其要注意宝贝的运费设置，这关系到卖家选择的物流公司以及不同地区的物流价格。一般，卖家可以选择通过运费模板来设置运费，然后通过不同的模板设置处于不同活动状态下或者处于不同利润区域的多个产品的运费。

单击“新建运费模板”，填好模板名称、宝贝地址，根据实际情况写好发货时间（要根据实际情况填写，如果没按实际情况填写可能会引起纠纷），单击“自定义运费”（如果是包邮的话，就选择“卖家承担运费”）。

宝贝的计价方式可以分成 3 种：按件数计价、按重量计价和按体积计价，卖家要根据自己宝贝的实际情况来选择。运送方式也有3种：快递、EMS和平邮。卖家可以多设计几种运送方案，根据物流服务方的地区划分具体填写运费，如图6-19所示。单击“为指定地区城市设置运费”按钮，就会弹出一个区域选择框体，单击“编辑”，选出相应的城市或区域，按“确定”键，然后设定那个区域的首件、首费、续件、续费（以按件计价为例），填写好全部选项后，单击“保存”键。这样一来，顾客购买产品的时候，就会看到卖家将宝贝送到自己所在的区域需要多少运费。

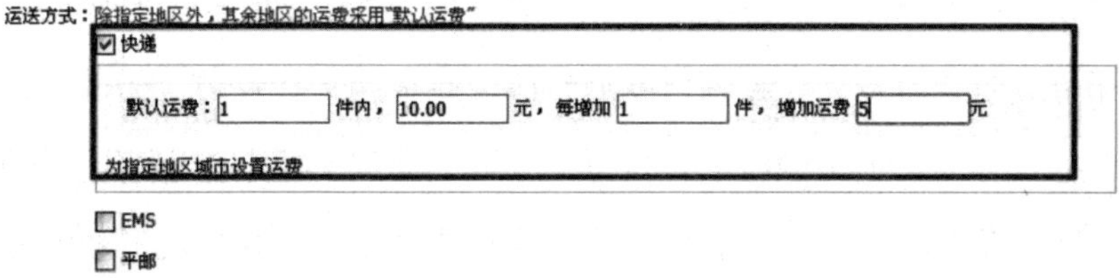

运送方式：除指定地区外，其余地区的运费采用"默认运费"

☑快递

默认运费：1 件内，10.00 元，每增加 1 件，增加运费 5 元

为指定地区城市设置运费

☐EMS

☐平邮

图6-19 运送方式设置

有的卖家会设定一个条件，一旦顾客购买的产品满足这一条件，就可以享受包邮待遇。这样的情况，卖家只需勾选淘宝新推出的“指定条件包邮”，设计一个包邮的条件，这个条件可以是买够一定的数量或价格的商品后包邮，也可以同时设定满足一定件数和价格的条件，如图6-20所示。这样就能为卖家省去添加包邮活动的操作。

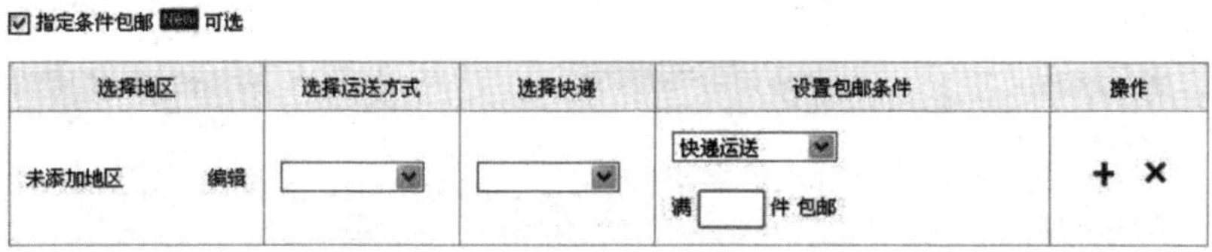

☑指定条件包邮 New 可选

选择地区	选择运送方式	选择快递	设置包邮条件	操作
未添加地区 编辑			快递运送 满 件 包邮	+ ×

图6-20 制定条件包邮设置

将上述操作都做完后，单击“保存并返回”，就可以看到新添加的模板了。如果后来还要进行操作，可以直接单击模板页面上的“复制模板”、“修改”、“删除”按钮。

6. 售后保障信息

卖家还要设定自己的宝贝是不是会给顾客提供发票或保修服务，以及购买宝贝后的退换货承诺或者服务保障等内容。

7. 其他信息

在这个模块里，卖家尤其要注意库存的计数方式，通常有两种情况：拍下减库存、付款减库存。这直接关系到卖家网上显示的库存量。通常最好是在顾客付款后再减去顾客购买的件数。另外，还可以选择宝贝上架的时间，也分为 3 种：立刻上架、设定相应时间上架以及暂不上架放入仓库。当卖家单击“发布”按钮的时候，系统就会根据此处的选择进行操作。若选择将宝贝放入仓库，当卖家想将该宝贝上架的时候，单击“仓库中的宝贝”，并选择想上架的宝贝，然后单击“上架”按钮，或者直接单击宝贝库存数量下方的“上架”即可，如图 6–21 所示。

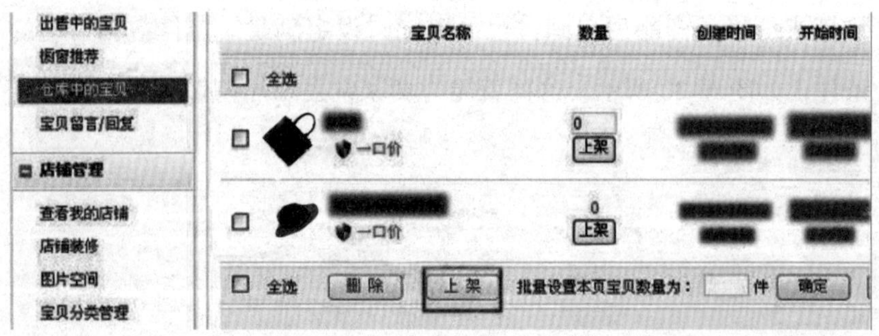

图 6-21　仓库里的宝贝

对于已经上架的宝贝，卖家可以通过单击“出售中的宝贝”来查看，还可以对其进行编辑修改，或者设置橱窗推荐、评论有礼和下架等操作。

二、顾客接待与沟通

将宝贝上架以后，顾客会通过各种渠道看到这个宝贝，也许他们会觉得产品介绍得还不够详细，希望通过直接咨询客服人员的方式来获取更细致和个性化的信息，所以网上店铺的在线接待是日常工作中的一个重要内容。对于网络零售客服来说，售前接待是销售的临门一脚，大多数顾客只有通过和客服人员的沟通交流，才会最终下单购买。通常售前接待流程可以分为 8 步，如图 6-22 所示。

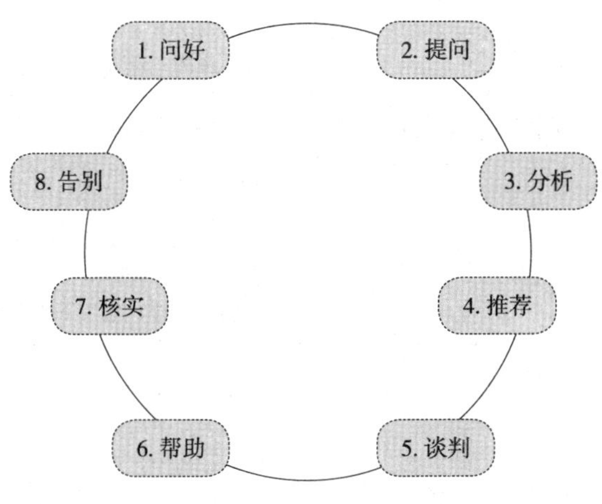

图 6-22 售前接待流程图

1. 问好

进门问好，归结为一个字就是“迎”。当旺旺提示有顾客咨询时，在回答问题之前要先问好，及时回复将给顾客留下良好印象。在此过程中要注意，过于简单生硬的用语将影响服务体验，最好配合恰当的图片表情，从而达到更好的沟通效果。如图 6-23 所示，左边是一个失败的沟通案例，卖家与顾客说话的时候，语言相当简练，或许当时卖家真的非常忙，但是这样的回答会让顾客感到卖家爱搭不理，不够热情，大多顾客都会选择立刻离开。而右面是一个成功的沟通案例，卖家非常认真地与顾客沟通，会给顾客留下一个非常好的印象。

买家与卖家的对话
买家：在吗？
客服：在的。
买家：请问你们那个新款的跑鞋还有吗？
客服：没了。

买家与卖家的对话
买家：在吗？
客服：在的，亲！有什么可以帮助您的吗？
买家：请问你们那个新款的跑鞋还有吗？
客服：非常抱歉，亲，那个刚刚卖完。但我们店又上了一款升级版的，穿着更舒服，而且价格一样，您要不要看看？

图 6-23　“问好”的对比

2. 提问

提问是为了摸清顾客的真实意图，所以要做到七分听三分问。提问应是一种引导，语气切忌简单生硬，要做到用提问激发顾客的潜在需求，提问中如能穿插推荐，更容易促进销售。如图 6–24 所示。

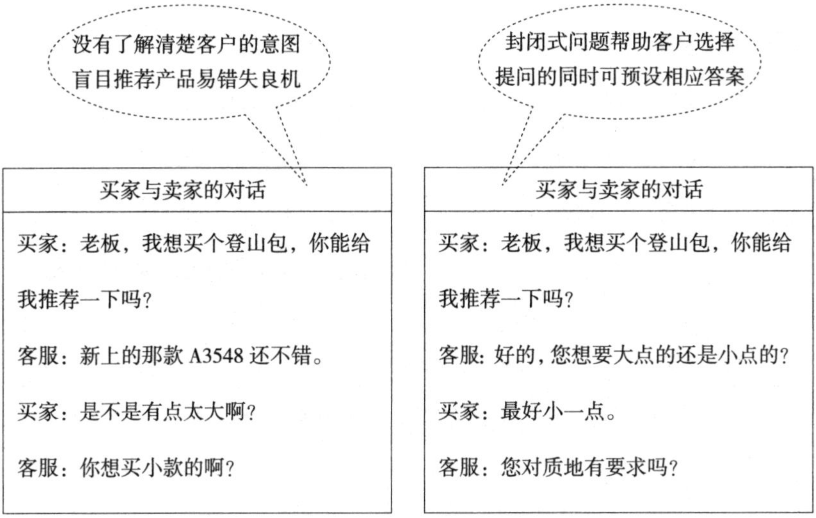

没有了解清楚客户的意图
盲目推荐产品易错失良机

买家与卖家的对话
买家：老板，我想买个登山包，你能给我推荐一下吗？
客服：新上的那款 A3548 还不错。
买家：是不是有点太大啊？
客服：你想买小款的啊？

封闭式问题帮助客户选择
提问的同时可预设相应答案

买家与卖家的对话
买家：老板，我想买个登山包，你能给我推荐一下吗？
客服：好的，您想要大点的还是小点的？
买家：最好小一点。
客服：您对质地有要求吗？

图 6–24　不同提问方式的比较

3. 分析

分析就是客服人员以所知道的顾客信息为出发点，找出顾客的潜在需求，为引导顾客、进行产品推荐和关联销售做好准备。我们未必要让顾客知道我们对他非常了解，但是一定要根据自己的分析结果去引导顾客，然后根据顾客的问题，运用专业知识、产品知识、生活经验等给予客观、专业的回答，如图 6–25 所示。

遇到问题时应安抚客户
在解决问题前先分析问题

只有迅速抓住问题的关键
才能既快又准地解决问题

买家与卖家的对话	买家与卖家的对话
买家：老板，我前段时间买的那件内衣有点小！ 客服：哦，您等一下，我去查一下订单。 买家：好的，我一直都是穿这个SIZE的，是不是你们家内衣号码不准啊？ 客服：您先稍等一下，我看一下订单。	客服：亲，您是不是刚做了妈妈？ 买家：刚怀孕。 客服：那就对了。怀孕的时候应该穿大一码的，你可以换一套专门的孕妇内衣，我们可以免费给您换货。 买家：那太好了，谢谢啦！ 客服：不客气，希望您以后可以继续光顾我们小店。

图 6-25　分析问题和不分析问题的比较

4. 推荐

推荐是客服人员通过对顾客的需求进行分析做出的主观引导。向顾客推荐产品，并不只是一味地、没有技术含量地硬性推荐，这样只会让顾客觉得反感而离开。在回答一个产品咨询的同时，要有意识地推荐顾客购买更多的产品，如给顾客以搭配建议、推荐促销活动产品、推荐最新款式或店铺的购物优惠政策等。推荐时，可参考销售走势、库存情况、货源情况、质量口碑等因素，实现买卖双方的共赢，图 6-26 所示为引导推荐效果。

遇到问题时应安抚客户
在解决问题前先分析问题

买家与卖家的对话
买家：你好，我想买你们那款新上的裤子，但不知道穿多大码的。
客服：您好，亲。您可以先测量一下自己的腰，然后我再给您推荐一款合适的。
买家：好的。还有那个藏蓝色的和酒红色的我都很喜欢，你觉得我该买哪一种颜色？
客服：这款裤子藏蓝色的卖得最好了，比较好配衣服。

图 6-26 引导推荐

5. 谈判

谈判的目的是促成交易，成功的谈判应该做到以退为进。谈判通常围绕产品价格、邮资、售后服务等要素展开，议价往往是在线谈判的中心内容。面对想要议价的顾客，客服首先要明确地指出我们的产品是优质的，而且销售价格是由公司定的（已经是最低价）。一般说到这一步，大多顾客就不会再在价格上多做纠缠。如果这时顾客还是有些犹豫不决，就可以想办法转移他们的注意力，告诉他们现在店铺里有什么优惠活动，或者可以在邮费上适量给予一些优惠，或者鼓励顾客多购买一些宝贝，暗示他们可以通过多购买宝贝来换取相应的价格优惠。在这一过程中，切忌态度生硬、强势，以免产生争执。

6. 帮助

当顾客表示出购买意向后，客服人员可根据需要继续帮助顾客挑选适合的配套产品，帮助顾客修改运费或指导他们进行在线支付操作。

7. 核实

在顾客付款后，客服人员要立刻与顾客核实购物清单和收货地址，如果顾客有特殊要求或者需要修改地址，要及时标注在备忘录里。

8. 告别

如果顾客有意向购买宝贝，客服人员可以主动将其加为旺旺好友，在适当的时候进行回访；如果顾客没有购买产品，要给顾客留出足够的思考空间，盯人促销会起到相反的作用。告别的时候要有礼貌、亲切大度，以给顾客留下一个好印象。另外，在告别之前可以适当地再做一些努力，为日后的交易打下伏笔，如图 6-27 所示。

给客户留下考虑的空间，同时再加以心理的暗示

买家与卖家的对话
买家：我想再想想。
客服：好的，亲！我们店还有一个优惠套餐您要不要看看？
买家：暂且不用，等我想好再说吧！
客服：好的，现在买是最优惠的，您决定了请尽快联系我哦！

图 6-27 “告别”

三、选择物流发货

顾客付款后，订单的交易状态会显示出“顾客已付款”，这时卖家就可以联系物流进行发货，发货的具体步骤如下：

1. 进入“爱用交易”订单管理页面，单击“待发货”，打开等待发货的订单列表页面，如图 6–28 所示。

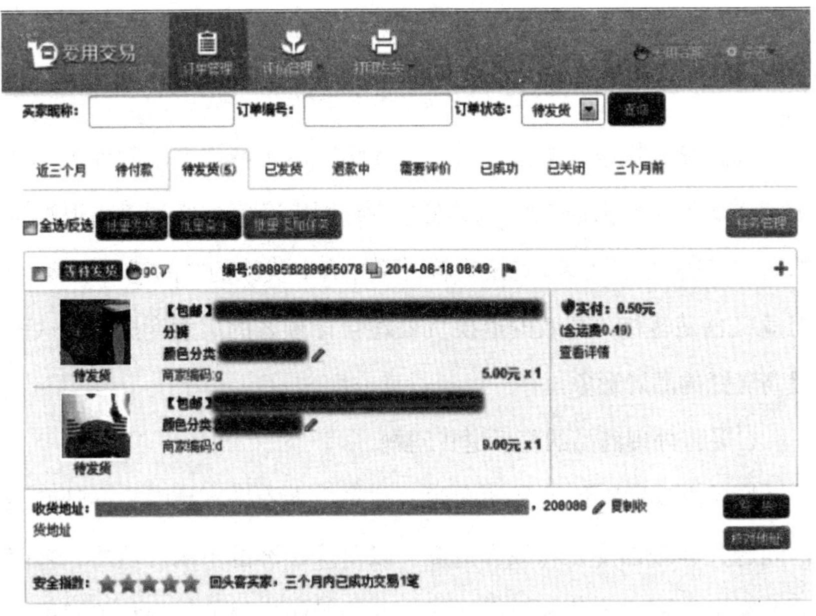

图 6–28　订单列表

2. 单击“查看详情”，进入订单详情页面，最后确认一遍订单。

3. 确认无误后，单击“发货”，选择相应的物流公司即可。

淘宝卖家的发货方式有 3 种：在线下单、自己联系物流以及无需物流。现在淘宝卖家大多都会选择自己联系物流。

在此过程中要注意，淘宝对淘宝卖家的发货时间有一定要求。系统显示“顾客已付款”后，除了那些订制、预售或者适用特定运送方式的产品外，一般的产品都要在 3 天内发货，如果是闪电发货虚拟产品，要在 1 小时以内发货，如果是闪电发货实物产品要在 24 小时内发货，参与淘宝活动的产品要在 7 天内发货。卖家的发货时间要以快递公司系统里记录的时间为准。

四、退换货管理

《消费者权益保护法》规定，网购产品（特殊产品除外）都必须承诺 7 天无理由退换货。现在，所有网上商家都必须直面退换货的问题。通常意义上说，退换货就说明顾客对卖家的产品感到不满意。但危机也是转机，高效的退换货处理会让顾客的满意度提高，从而提高店铺的品牌形象。

1. 妥善处理商品的售后退货问题

如果出现顾客退换货的问题，首先，不管是不是因为自己商品的问题，客服都要先和顾客道歉，以消除顾客的不满。然后，客服要及时了解顾客为什么要退换货，并及时解决退换货的相关问题，让顾客可以在最短的时间里实现退货、换货，让顾客看到，卖家不会逃避责任，以此来提高顾客对店铺的信任。

关于退换货的邮费问题，通常情况下，如果是产品质量问题，应由卖家承担来回运费；如果是尺寸原因，可以分为两种情况，一是卖家客服推荐不当，那么来回运费应由卖家承担，如果是顾客自己选择不当，来回运费应由顾客自己承担。如果顾客无理由退换货，邮费应由顾客自己承担。

在处理退换货问题的时候要注意，不管顾客退换货的理由是什么，客服人员都要注意自己的语气，不能与顾客发生争执，要礼貌地与顾客说话。这样一来，就算顾客因为对产品不满意选择退换货，也会对店铺产生一个好印象，为下一次交易埋下伏笔。

2. 回访退换货顾客

对于退换货成功的顾客，店铺客服人员可以在适当的时候进行回访，询问顾客是不是已经收到了所换的宝贝或者退返的费用是不是已经到账。这样的行为不仅可以消除顾客心中的不满，还可以增加顾客对店铺的印象，提高顾客对店铺的好感。在回访的时候，可以送给顾客一些店铺优惠券，吸引他们再到店铺进行消费。一旦店铺在顾客心中留下了好印象，顾客回头再消费的概率是非常高的。

五、纠纷管理

随着网络购物越来越火热，在平台上购物已经成为现代年轻人的生活方式，但随之而来的交易纠纷也越来越多。纠纷交易就是在交易完成后，顾客因种种原因产生不满要求退换货，形成不良口碑的那部分交易。对于卖家来说，交易纠纷具有两面性，处理不好就可能被第三方平台处罚，而如果处理得好，就会让店铺在顾客心中留下好的印象，将这个顾客发展成店铺的忠实顾客。

1. 纠纷分类

按纠纷产生的具体原因，通常可以将纠纷分为3类：产品纠纷、物流纠纷以及态度纠纷。

（1）产品纠纷

产品纠纷就是顾客对产品的品质、真伪、使用方法、使用效果、容量、尺码、体积等方面感到不满导致的纠纷。处理这类纠纷的途径有以下几种：

①如果是产品质量不过关，要在顾客提供证明的图片或证明后进行退货或换货。

②如果是顾客使用产品的方法不当，可以由客服教给顾客掌握正确的使用方法。

③如果是因顾客对产品有误解产生的，应该积极地向顾客解释产品的特性，在此过程中注意不要夸大宣传，而是根据企业的相关政策进行处理。

（2）物流纠纷

物流纠纷就是顾客对物流方式、物流费用、物流时效或者物流公司的服务态度等方面感到不满导致的纠纷。像这样因为第三方服务失误造成的纠纷，客服要耐心地与顾客沟通，积极处理。

（3）态度纠纷

态度纠纷就是顾客对客服服务态度、店铺售前服务或售后服务等方面感到不满导致的纠纷。客服管理人员应确定责任人，对其进行积极教育，并对顾客进行诚恳道歉，并给予相应的补偿。

2. 纠纷处理的基本步骤

网络购物最大的优势之一就是便捷，但如果产生了纠纷，不仅会失去便捷的优势，还会因为电子商务的虚拟性和跨区域性等原因，不能在第一时间、面对面地解决问题。在售后服务中，纠纷处理是一个最重要、最困难的问题，如果处理不当就会给店铺造成负面影响，店铺必须认真对待。解决纠纷的具体步骤如下：

（1）制定纠纷处理制度

在解决交易纠纷的时候，如果卖家根据自己的经验和平台规则先制定一套有关的制度，并严格根据这套制度执行，就可以很好地解决纠纷。

卖家制定纠纷处理制度的第一个前提就是遵守淘宝的大规则，然后再根据店铺自己的小规则补充。因此，如果顾客在交易的时候感到不满或有异议，客服不仅要遵从店铺事先制定好的处理流程，还要顾及到淘宝规定的处理时限和对应条款，要尽量满足顾客提出的正当条件。

对于店铺内的一些制度，卖家应事先告知顾客，可以在店铺的首页或者在宝贝的描述页进行说明。尤其是一些退换货的流程以及“不接受到付件”等，要让顾客及时知道店铺的相关规定。

（2）制定纠纷处理方案

在处理交易纠纷的时候，还可以进行团队作战，制定一套适合店铺的纠纷处理方案，可以选择阶梯式纠纷处理方案。

①顾客都习惯在谁那里买东西，就找谁解决问题。因此当客服接待该顾客的时候，要先明确是售前咨询还是售后反馈，在明确情

况后，如果是简单问题就自己处理，如果是疑难问题就将顾客转给相应的售后服务专员。

②当售后服务专员无法解决这个问题的时候，要将问题转给部门主管。有的团队直接由老板管理，根本没有主管这个职位。这时客服就应该承担起责任。有时客服甚至可以一角分饰多角，以不同的身份进行网上沟通和电话沟通。

③如果问题依然不能解决，就要请店长或者老板出面处理，这样一来，顾客会觉得自己非常受重视，再配合适当的补偿处理方案，基本上就能很好地解决这个问题了。

卖家与顾客达成一致后，应交由主管监督，由专人执行。这样的交易纠纷处理好之后，一定要多和顾客沟通，等待反馈，这样对问题的解决会更有利。

（3）注重纠纷沟通技巧

处理纠纷的时候一定要讲究说话的艺术和沟通的技巧。在处理交易纠纷的时候，必须注意以下几点：

①和解释相比，倾听要更有用，应该让顾客有更多的机会说出自己的真实想法。

②采取措施比一味地空说更有效，虽然说些安抚的话是非常重要的事，但是实际的优惠政策也是必不可少的。

③切记结果的导向非常重要，要避免陷入沟通的误区。

六、评价管理

淘宝网对顾客评价有明确的规定，一个好评加一分，一个差评减一分，中评不加分也不减分，交易平台的信用累积会直接影响到顾客的消费行为。在顾客对交易进行评价后，商家应该认真地回复。对于那些给予中评和差评的顾客，商家要及时和顾客沟通，分析原因，并想办法解决，以免这样的问题再次发生。淘宝卖家信誉级别如图 6–29 所示。

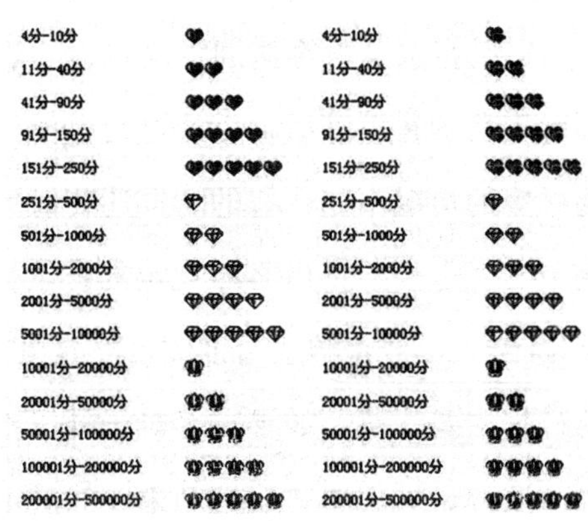

图 6–29　淘宝卖家信誉级别

1. 和顾客沟通的技巧

（1）在和顾客沟通以前，要顾及到时间问题

卖家可以依据顾客的收货地址来判断对方从事的行业或职业，然后选择合适的时间与顾客进行沟通，这样就可以减少拒接、挂断、甚至被骂的情况发生。

（2）最好的交流工具应该是电话

和文字沟通相比，语音沟通具有更多优势。电话沟通、沟通技巧、态度诚恳、适当补偿就是处理中差评问题的最好方案。

（3）沟通的时机问题

顾客只有登录淘宝后才能修改中差评，因此旺旺在线就意味着顾客本人在电脑前，这是解决后续问题的最佳时机。如果顾客不在电脑前，售后人员给顾客打电话，就算顾客同意修改评价，事后也可能会忘记。而且，频繁地给顾客打电话可能会对顾客造成骚扰，让顾客感到厌烦，所以把这个时间精力用在剩余中差评的处理上才是最佳选择。

（4）提高处理中差评的效率

售后客服与顾客沟通的时候，要迅速判断：行或者不行。一名经验丰富的售后客服可以通过自己的沟通解决一部分中差评，但因为顾客的情况不同，有的时候还要对顾客进行一定的补偿。有不少淘宝卖家掌柜给售后客服规定的补偿标准为：中评补偿 5 元，差评补偿 10 元，或者赠送给予中差评的顾客一定的优惠券、礼品等。在此过程中要注意，如果顾客对于补偿不动声色，态度非常坚决，在第一次沟通后就要礼貌地结束，然后记下顾客的性格脾气特征等，以为接下来的联系做参考。

2. 给出客观的评价解释

在经过售后客服的沟通处理后，有的顾客依然不同意修改原来的评价，这时客观的评价解释就会成为改变不良印象的法宝。

上述是卖家经营淘宝店铺的一些基本事项，在别的平台上开设网店的操作与其没有太大区别，都需要进行宝贝上架、设置店铺等步骤。因此只要学会了在淘宝网开店，基本上就可以在其他平台上开网店。但是要注意查看各项相应的规定，否则容易引发纠纷或出现其他各种问题。